The Blue Book on the Investment in
Emerging Industries in China (2016-2017)

# 2016-2017年
# 中国新兴产业投资
## 蓝皮书

中国电子信息产业发展研究院　编著

主　编／宋显珠

副主编／孙会峰

人 民 出 版 社

责任编辑：邵永忠　刘志江

封面设计：黄桂月

责任校对：吕　飞

**图书在版编目（CIP）数据**

2016－2017 年中国新兴产业投资蓝皮书／中国电子信息产业发展研究院 编著；
宋显珠 主编 . —北京：人民出版社，2017.8

ISBN 978－7－01－018028－1

Ⅰ. ①2… Ⅱ. ①中… ②宋… Ⅲ. ①新兴产业—投资—白皮书—中国—2016－
2017 Ⅳ. ①F279.244.4

中国版本图书馆 CIP 数据核字（2017）第 194728 号

2016－2017 年中国新兴产业投资蓝皮书

2016－2017 NIAN ZHONGGUO XINXING CHANYE TOUZI LANPISHU

中国电子信息产业发展研究院 编著

宋显珠 主编

人 民 出 版 社 出版发行

（100706　北京市东城区隆福寺街 99 号）

三河市钰丰印装有限公司印刷　新华书店经销

2017 年 8 月第 1 版　2017 年 8 月北京第 1 次印刷
开本：710 毫米 ×1000 毫米 1/16　印张：11.5
字数：190 千字

ISBN 978－7－01－018028－1　定价：50.00 元

邮购地址　100706　北京市东城区隆福寺街 99 号
人民东方图书销售中心　电话（010）65250042　65289539

# 前　言

当前，孕育兴起的新一轮科技革命和产业变革，正在加速重构全球分工体系和竞争格局，世界经济加速向以网络信息技术产业为重要内容的经济活动转变。信息流引领技术流、资金流、人才流，信息资源日益成为重要的生产要素和社会财富。企业围绕数字竞争力的战略布局全面升级，塑造企业长期发展新优势的竞争更为激烈。

新兴产业代表新一轮科技革命和产业变革的方向，是培育发展新动能、获取未来竞争新优势的关键领域，发展技术密集型、附加值高的新兴产业，才能使供给结构更好地适应需求结构的变化，化解产能过剩等问题，补齐经济社会发展领域的短板。2016 年 12 月，国务院印发的《"十三五"国家战略性新兴产业发展规划》指出，要把战略性新兴产业摆在经济社会发展更加突出的位置，紧紧把握全球新一轮科技革命和产业变革重大机遇，按照加快供给侧结构性改革部署要求，以创新驱动、壮大规模、引领升级为核心，构建现代产业体系，培育发展新动能，推进改革攻坚，提升创新能力，深化国际合作，加快发展壮大新一代信息技术、高端装备、新材料、生物、新能源汽车、新能源、节能环保、数字创意等战略性新兴产业，促进更广领域新技术、新产品、新业态、新模式蓬勃发展，建设制造强国，发展现代服务业，推动产业迈向中高端，有力支撑全面建成小康社会。

如何把握未来新兴产业的演进趋势、创新模式、投资机遇，赛迪顾问托凭独特的政府资源、丰富的数据积累、专业的研究实力，历时两个月，走访超过 1000 位创新性企业 CEO，编撰了《2016—2017 年中国新兴产业投资蓝皮书》。本书从推动产业结构优化升级出发。聚焦人工智能、虚拟现实、大数据、云计算、信息安全、工业软件、泛娱乐、社交网络、互联网医疗、互联网金融、智能硬件、北斗、光伏、机器人、无人机、新能源汽车、环保、大健康、生物医药等新兴产业，系统剖析了 2016 年中国主要新兴产业的演进趋势、特点，并对产业发展的新技术、新产品、新应用、新模式进行了全面阐述和展望。希望为业界朋友应对产业新变化、新挑战提供决策支撑。

# 目　　录

# 第一章 人工智能（AI）

## 第一节 2016 年中国人工智能市场开始爆发

### 一、2016 年市场规模快速增长，超过 230 亿元

随着《"互联网＋"人工智能三年行动实施方案》的发布和国家对制造业的高度重视，在 2016 年中国人工智能市场规模达到 239 亿元。其中智能硬件平台占比高于软件集成平台，达到了 63.8%。在未来，随着语音识别和图像识别技术商业化的推广，软件集成平台的市场份额将进一步增大。

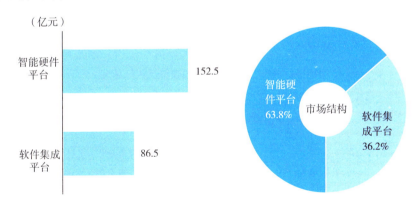

图 1 – 1　2016 年中国人工智能市场结构

资料来源：赛迪顾问，2016 年 12 月。

中国人工智能市场细分结构中各类产品分布较为均衡，占据前二位的是服务机器人和智能工业机器人，2016 年市场规模分别为 70.5 亿元和 62 亿元，占比为 29.6% 和 26%。其中，服务机器人在减速器、伺服电机等领域的技术

门槛低于工业机器人，通过结合语言处理和机器视觉等软件技术，能快速普及应用到民生各领域，市场规模也迅速增大。

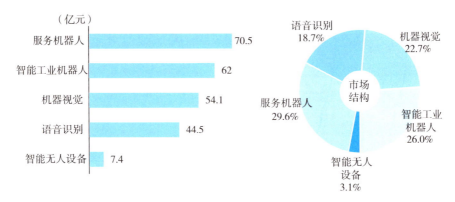

图1-2  2016年中国人工智能产品结构

资料来源：赛迪顾问，2016年12月。

## 二、各地密集推出产业资金配套，北上沈三地领军发展

为了缩短我国在人工智能领域的基础研究积累、应用实践经验和科技创新投入与发达国家的差距，中国于2016年5月发布了《"互联网＋"人工智能三年行动实施方案》，提出以重点领域智能产品创新为主的七大重点工程，对全国人工智能产业的发展提供全面系统的指引方案。

表1-1  国家人工智能相关政策及利好领域

| 国家相关政策发布 | 利好领域 |
| --- | --- |
| 2016年5月24日，国家发改委、科技部、工信部、网信办联合发布《"互联网＋"人工智能三年行动实施方案》 | 重点发展智能家居、智能汽车研发与产业化、智能无人系统应用、智能安防、智能机器人、智能终端应用、智能可穿戴设备等七大工程 |
| 2015年7月1日，国务院印发《关于积极推进"互联网＋"行动的指导意见》将"互联网＋人工智能"列入重点行动之一 | 加快人工智能核心技术突破，促进人工智能在智能家居、智能终端、智能汽车、机器人等领域的推广应用 |
| 工业和信息化部、国家发改委、财政部联合印发《机器人产业发展规划（2016—2020年)》 | 重点开展人工智能、机器人深度学习等基础前沿技术研究，突破机器人通用控制软件平台、人机共存、安全控制、高集成一体化关节、灵巧手等核心技术 |
| "中国制造2025"重点领域技术路线构建了中国机器人产业发展蓝图 | 工业机器人成为大力推动突破发展十大重点领域之一 |

资料来源：赛迪顾问，2016年12月。

各地政府也开始密集出台人工智能产业配套扶持资金政策，努力解决企业发展面临的实际问题。目前已经有超过 30 个城市将机器人产业作为当地的重点发展对象，各地政府建成和在建的机器人产业园达 40 余家。

从各地产业政策上看，北京提出的人工智能产业扶持领域最为全面，覆盖了从脑科学到智能硬件制造的全产业链环节；上海作为国家机器人检测与评定中心总部，提出到 2020 年平均每年新增 3000 台以上机器人；沈阳作为国家机器人检测与评定分中心之一，拥有新松机器人等企业基础，政策上提出设立 200 亿元机器人产业发展基金。在未来 5 年，北京、沈阳和上海将在人工智能产业实现领先发展。

### 三、行业巨头跨界并购加速

从近几年 AI 领域的并购融资事件可以看出，国内外无论是传统互联网企业（如谷歌、IBM 等），还是跨领域的行业巨头（如 SpaceX、厦华电子、丰田等）都在积极进行人工智能的布局。并购领域主要集中在自然语言处理和深度学习。并购策略上一方面通过收购提升语言处理产品的体验性能，增加公司产品的市场占有率；另一方面，提前储备深度学习的技术人才，为新产品的研发提供支撑。

## 第二节　未来三年 AI 市场将迎来新兴机遇点

### 一、2018 年中国 AI 市场规模将突破 380 亿元

中国《机器人产业规划（2016—2020 年）》的出台、中国"十三五"规划实施的脑科学与类脑研究重大工程项目，将极大提升中国人工智能市场的供给质量。同时，以百度为代表的互联网企业已经充分认识到人工智能的未来前景，纷纷开展大规模的投入和布局，也将充分刺激中国人工智能市场的活跃度。2016 年中国人工智能市场规模达到 239 亿元，预计 2018 年将达到

381 亿元，复合增长率为 26.3%。

图 1-3  2016—2018 年中国人工智能市场规模与增速

资料来源：赛迪顾问，2016 年 12 月。

## 二、智慧城市的建设将为 AI 市场创造巨大空间

智慧城市的发展将在安防、交通监控、医疗、智能社区等多个领域全面刺激人工智能产业发展，尤其是以机器视觉为主的各类感知处理设备。中国智慧城市建设火热开展，截至 2015 年底，我国智慧城市建设数量已经达到了 386 个。智慧城市的建设以及产品应用的推广，都要以机器学习为依托，可以说人工智能是"智慧"的源泉。未来，各行业的应用需求以及消费者升级发展的需要将有效激活人工智能产品的活跃度，促进人工智能技术和产业发展。

## 三、边缘计算的爆发将快速提升 AI 产品渗透度

所谓边缘计算，是指设备能在本地化实现初级的人工智能功能，例如智能摄像头识别、服务机器人语音对话芯片等。目前，智能硬件对运算实时性和低延时性的需求越发严格，而依靠传统的云计算平台上的深度学习功能，很难满足大量爆发的产品需求。因此，针对边缘计算的设计开发正在成为各大厂商的新焦点。在过去的人工智能发展中，GPU 的高速计算性能为其奠定了天然优势，而随着新一轮边缘计算的需求爆发，基于 FPGA、ASIC 等体系的设计模式也在逐渐成熟。未来将形成边缘计算和云计算双轨并行的人工智能计算范式。

## 四、新兴 AI 机遇点逐渐凸显

目前人工智能产业链的数据支撑环节，依然存在数据流通法律法规缺失、高价值数据难以得到有效利用的问题；在感知环节，仿人体五感的各类传感器都有成熟产品，但缺乏高集成度、统一感知协调的中控系统，对于各个传感器获得多源数据无法进行一体化的采集、加工和分析。

未来的新兴 AI 点也逐渐凸显，主要发生在软件集成环节和类脑芯片环节。一方面软件集成作为人工智能的核心，算法的发展将决定着计算性能的提升。另一方面，针对人工智能算法设计类脑化的芯片将成为重要突破点，不论是 Nvidia 的 Tesla P100、IBM 的 TrueNorth、谷歌的 TPU，还是中科院的寒武纪，都试图打破冯·诺伊曼架构，依托人脑模式构建出更快更适用的新体系，而这将为人工智能未来的良性发展奠定坚实基础。

## 五、机器视觉、深度学习等环节将成为投资热点

图像识别的技术成熟度低于自然语言处理，为新兴企业从软件技术突破带来了机遇，在软件图像识别领域，尤其以 Face＋＋和格灵深瞳两家为代表，通过招揽优秀研发人员在短时间内迅速脱颖而出。而中国人工智能市场中自然语言处理属于技术成熟而且高度竞争状态，科大讯飞占据了国内语音识别领域 70％以上的市场，并且多年的技术积累已经在语义分析等领域具备了一定技术壁垒。同时，百度、阿里巴巴、腾讯依托技术优势都对语音市场虎视眈眈，因此，语音识别领域已经较难切入。

同时，前瞻性地对最具价值且临近爆发期的技术点进行投资是回报率最高的，深度学习作为 2006 年重新提出的神经网络算法，已经在人工智能产业刮起了强劲飓风，AlphaGo 的成功最核心的价值就归功于它。深度学习正处在面临爆发的临界点，各大公司纷纷在跑马圈地，距离未来预期全面部署有 7 年时间。国内而言，互联网厂商纷纷推出深度学习云平台（阿里 DTPAI、百度大脑）、硬件厂商则忙着推出深度学习一体机（中科曙光联手英伟达推出 XSystem、华硕携吉浦迅推深度学习一体机 ZenSystem），一场本地化和云端化的争夺正在上演。虽然背负着不同的利益，但就未来而言，云计算和开源化

仍将成为主流，也是更能推动技术进步的模式。因此，基于云平台的深度学习的投资价值不言而喻。

### 六、AI 价值曲线——未来 3 年内语音识别迎来快速商业部署

通过利用机器学习技术进行自然语言的深度理解，一直是工业和学术界关注的焦点。在人工智能的各项领域中，自然语言处理是最为成熟的技术，由此引来各大企业纷纷进军布局。国内外代表产品有苹果 Siri、谷歌 Allo、微软 Cortana、百度度秘、讯飞语音云等，产品在语音识别的准确度上已经达到95％以上，基本可以应对人类日常生活中的各项需求。各大公司也在积极部署针对不同方言的商业化产品。在未来 3 年内，成熟化的语音产品将通过云平台和智能硬件平台快速实现商业化部署。

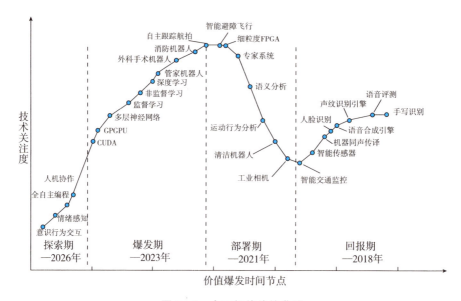

**图 1-4　人工智能价值曲线**

资料来源：赛迪顾问，2016 年 12 月。

### 七、开源合作发展将成为标准竞争主流趋势

近两年来，以谷歌为代表的巨头公司纷纷开始开源化自身核心产品。从2015—2016 年的开源化事件中可以看到，不仅有机器学习软件平台，还有相

关硬件平台和完整软件源代码。如今的共识是，各家人工智能公司都在积极招募机器学习人才，而开放源代码则可以吸引外部人才参与项目协作，并改进相关技术。他们也有可能从第三方社区中招募一些人才。当然，这些公司还是保留了一些能保持自身独特性的环节，如海量的数据、可以运行该软件的计算机网络以及庞大的可以调整算法的人工智能专家团队。

表1-2　2015—2016年企业开源化事件

| 企业 | 开源产品 |
| --- | --- |
| 谷歌 | 开源语言解析器 SyntaxNet、机器学习系统 Tensor Flow |
| 雅虎 | 开源 CaffeOnSpark 平台代码 |
| Facebook | 开放深度学习平台 FBLearner Flow、Torchnet 工具包<br>基于 GPU 的 Big sur 硬件平台 |
| 亚马逊 | 开源深度学习工具 DSSTNE |
| 百度 | 向 GitHub 提交深度学习 Warp - CTC 代码 |
| IBM | 通过 Apache 开源 System ML 代码 |
| 微软 | 推出机器学习开源工具包 DMTK |

资料来源：赛迪顾问，2016 年 12 月。

# 第二章　虚拟现实（VR）

## 第一节　各方纷纷发力，VR迎来发展元年

### 一、规模急剧扩大，市场迅速启动

随着2014年Facebook以20亿美元收购Oculus，VR开始进入消费级市场，VR产业化在全球范围内快速铺开。经过两年的铺垫，伴随着Oculus Rift、HTC Vive、索尼PS VR等多款产品的上市，2016年VR迎来真正的发展元年。这次的VR浪潮和20世纪90年代最大的不同是，技术问题得到初步解决，VR技术和核心部件能初步满足消费应用。同时，当前计算机的运算能力已比较强大，可以支撑渲染VR世界。基于前三季VR整体市场情况、产品成熟度及关键技术等指标的研判，赛迪顾问预计2016年中国VR市场将达到68.2亿元，增长率达331.6%。

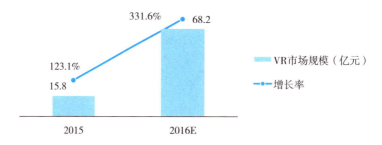

图2-1　2015—2016年中国VR市场规模及增速

资料来源：赛迪顾问，2016年12月。

## 二、关键技术瓶颈逐渐减弱，产业潜力巨大

随着 VR 的发展，部分关键技术瓶颈在逐渐减弱。对 VR 来说，目前最受消费者诟病的是晕眩问题，其中设备的图像刷新速度是最主要原因，而这又取决于空间位置定位和姿态角度定位的精度和速度、显示器件的刷新频率以及图像渲染时延这 3 个技术指标的最低值，目前最新的 VR 设备这三个指标均能达到 90Hz，远高于人眼时间暂留的刷新阈值（24Hz），可见 VR 关键技术的瓶颈制约在减弱，当然还是存在一定的技术和成本普及问题，如聚焦与视觉冲突等技术还有待完善。随着技术难点的不断突破，VR 产业将更好地覆盖零部件、硬件设备、交互设备、信息处理和系统平台的软件、内容制作、平台分发、行业应用等多个细分行业，VR 产业链覆盖面广，具备产业做大的基础与潜力。

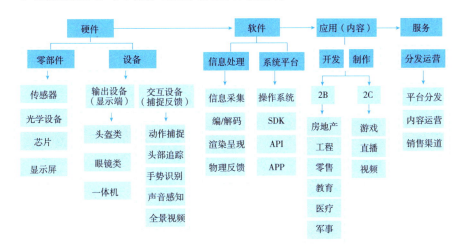

图 2-2　VR 产业链全景图

资料来源：赛迪顾问，2016 年 12 月。

## 三、VR 应用丰富，正在为多行业带来革命性变化

VR 将成为继电脑、智能电视后的又一个爆发点，将成为下一代主流的信息平台。虚拟现实的应用需求可分为企业级和消费级两种，即 2B 和 2C。2B 即面向企业的应用需求包括工程、教育、房地产、零售、医疗、军事等；2C 即直接面向消费者的应用包括游戏、直播、视频。VR 作为一种全新的计算机

高科技交互模拟系统，在为客户提供颠覆性的模拟真实体验感的同时，也将对各领域带来革命性的影响。以 VR 在电商领域的应用为例，VR 技术融合创新和变革将对电子商务带来新一轮的变革。VR 是继智能手机后，集硬件、平台、计算中心、流量入口、行业应用等所有功能于一体的新的终端产品，将成为未来电商流量入口。VR 的突出特点是场景化、体验化，与电子商务的结合将有效改善目前电子商务的一些痛点，如体验差、"买家秀"不等于"卖家秀"问题，未来 VR 会颠覆电子商务的商业模式。

## 四、初创企业踊跃集结，行业巨头企业谨慎布局

2016 年，国内传统的终端制造商、互联网企业、视频、游戏等内容制作商以及各类新型企业都通过资本、合作加速进入 VR 市场。目前国内 VR 企业可大致分两类，一类是成熟行业根据自身优势向 VR 复制，主要包括硬件和内

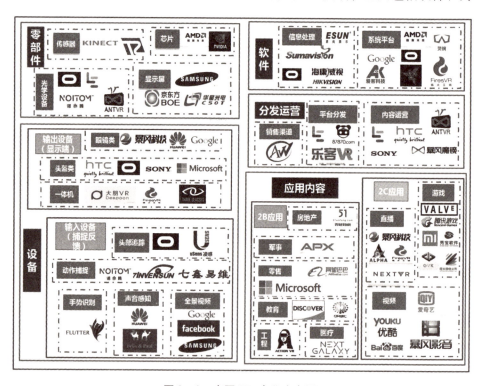

图 2-3　中国 VR 产业生态图

资料来源：赛迪顾问，2016 年 12 月。

容厂商，其中硬件集中在手机厂商，如华为、联想、小米等；内容集中在游戏、视频等厂商，在原有内容的基础上向 VR 靠拢；另一类就是新型 VR 产业公司，主要包括生态型和初创企业，其中生态型主要集中在互联网巨头企业，如腾讯、乐视等；初创企业则很大程度靠风投在推动，覆盖产业链各个环节。整体上看，初创企业踊跃集结，巨头虽都有动作，但大多保持谨慎态度。相比国外而言，国内 VR 产业生态虽布局全面，但在技术水平、标准和巨头企业带动等方面还有一定差距。

图 2-4　全球 VR 产业生态图

资料来源：赛迪顾问，2016 年 12 月。

## 五、硬件是基础核心，国外三巨头已占领硬件先发优势

目前 VR 产业以设备为核心，只有硬件底层水平到达及格线以上，市场普及率足够高，所谓的内容才会产生价值。硬件技术指标、普及率的进步将直接决定 VR 内容的繁荣速度与程度。所以硬件永远都是基础。在输出设备方面，2016 年国外三款明星产品的发布也让 Oculus、HTC vive、Sony 三大厂商占据了市场龙头地位，在用户体验和 VR 沉浸感方面确实具备很好的口碑，尤其是 HTC vive 依靠精准运动性在用户中获得较高认可。国内的 VR 硬件产业已初具规模，但与三大厂产品相比，在用户体验、技术含量、做工等方面还有一定的差距，国内缺乏能够打开市场、迅速积累口碑的产品。

### 六、内容分发尚未形成完整生态，商业模式仍待探索

内容分发渠道包括线上线下，线上包括应用商店分发和网站分发，线下包括体验店与主题公园模式。在线上渠道方面，VR内容主要以各个硬件厂商自己搭建的渠道为主，第三方内容分发平台布局较少，盈利能力也较弱；在线下渠道方面，在体验店上，硬件厂商、系统集成商和综合运营商将在线下体验店的布局中占有优势。短期内，VR体验店会保持数量上的快速增长，潜在市场较大，但还没有品牌建立明确的市场优势，未来会逐渐洗牌；主题公园提供的是能够多人交互的、更丰富的VR体验，这是家庭场景和体验店都很难做到的。基于这种独特的互动体验以及更强的客流承载能力，主题公园线下体验被看好。

## 第二节　光场显示成为技术热点，应用引爆 VR 未来

### 一、市场进入持续增长期，增速将逐渐回落

未来几年，VR产业化进程将持续加快，开始出现对统一标准、相互兼容的应用、内容、配件的需求，VR内容开始配套，应用逐渐完善。赛迪顾问预计2017年中国VR市场规模将达到170.5亿元，增长率达150.0%；到2020年市场进入相对成熟期，规模将达到918.2亿元。

图 2-5　2017—2020 年中国 VR 市场规模预测

资料来源：赛迪顾问，2016 年 12 月。

## 二、光场显示、全息显示技术将成为关注热点

　　光场是最接近人眼观看自然环境的成像方式，弥补了当前头戴显示都不具备的"聚焦模糊"，光场显示技术可以提供更符合人类直觉的、更逼真的显示效果。随着 Google 和阿里巴巴等巨头投资 Magic Leap，新型的光场显示技术和全息显示技术的关注度正在被引爆，成为新的关注热点。但在光场采集和显示的分辨率、软件应用开发、设备集成化等方面仍然存在不少技术难题，有待进一步攻克。其次，传统液晶显示技术、OLED 显示技术和显卡性能已进入稳定发展期。目前 2K 的分辨率已经达到人眼认可的范围，刷新频率也不再是显示的瓶颈，特别是 OLED 显示技术，在黑色显示和刷新频率方面更具优势，可以营造出更好的沉浸效果。传统显示技术已经成熟，不再是 VR 发展的瓶颈；而且随着 Nvidia 和 AMD 新一代显卡的发布，显卡性能对于 VR 显示的瓶颈已经减弱。在新一代的显卡中，均加入了对 VR 显示的专项优化，从而大幅度提高 VR 显示的效果，可以实现 90fps 以上的画面刷新率，显卡性能也不再是 VR 显示的技术瓶颈。

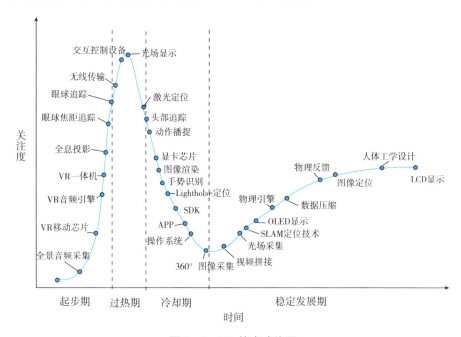

图 2-6　VR 技术路线图

资料来源：赛迪顾问，2016 年 12 月。

### 三、应用将成为中国 VR 发展未来引爆点

VR 应用场景多样，消费级应用，即 2C 应用是最贴近市场的应用，也是最容易推动市场火爆发展的驱动力，其中游戏是 VR 最先启动的应用，消费者基础最好，最易培育成为杀手级应用。而 2B 应用则需要靠企业、政府等多方面市场主体共同推动，目前来看，房地产、工程和教育最有可能成为引领企业级市场的应用。房地产样板房设计营销对 VR 需求较大，且行业对 VR 价格敏感度低，应用广泛；VR 将全面提升制造业智能化水平，通过仿真可视化操作，实现产品设计、虚拟装配、维修保养等，应用前景广阔；教育则是目前2B 市场上比较火热的应用，主要应用于虚拟课堂、互动课件、仿真实验室等基础教育以及各种专业培训上。整体上 VR 应用市场参与机构较多，行业应用进程较快。

### 四、消费级和企业级 VR 设备形态分化将日趋明显

VR 设备目前呈现多样化形态，未来硬件形态将逐渐稳定，消费级和企业级的 VR 设备形态分化将日趋明显。一方面，移动类 VR，仍以眼镜形态居多，更多的是过渡性产品，近两年会成为消费级 VR 市场的主流形态，但随着用户需求的进一步提升，眼镜盒子暴露出来的弊端将会凸显，未来 VR 一体机将逐步成为主流，但目前面临技术等各方面短板；另一方面，PC 级头盔提供了目前最好的使用体验，但移动性较差，未来 PC 级头盔将成为企业级市场的主流设备，这部分市场对计算能力要求高、使用便捷性要求较低。头盔内部具有专业的光学镜片和高分辨率显示屏，用于 VR 图像的呈现。PC 则用于 VR 图像的渲染，主机同头盔利用有线进行连接。此类设备具备无线控制手柄，手柄通过无线与主机连接，更适用于企业级市场。

### 五、VR 产业投资重点由硬件向内容演进

从国内一级市场资本的关注度和活跃度分析可知，VR 产业投资的重点已从 2015 年的硬件逐步集中到内容端。从目前的发展来看，国内部分创业型公司从硬件入手获得了良好的市场表现。如暴风科技、联络互动、乐相科技、

焰火工坊等。但是硬件门槛较低，一旦巨头开始做，小企业将被吞噬，所以VR硬件投资的早期机会已很小，很多VR硬件公司已经开始转型做内容分发平台、内容原创生产、内容投资合作。如果新进入者要做硬件，更多的要结合云端的计算能力或者是服务。对国内企业来讲，最容易切入的VR产业链环节就是内容。对于消费级应用，游戏应用是消费者基础最好的，也最容易实现突破的VR应用。出于较高的技术要求和投资风险，未来能切入2C应用的更多的是有基础的大厂商；而2B应用覆盖面较广，创业公司机会较多，这部分应用也将推动VR与众多行业形成联动效应，为整个社会生产方式带来变革式的影响，创业型的小厂商将有更多的切入机会。尤其是房地产、教育类应用已有一定市场基础，发展起来比较顺畅，进入较容易，也较受资本青睐。

# 第三章　大数据

## 第一节　产业快速发展，联盟成为生态建设重要模式

### 一、发展势头保持迅猛

在国家及各地政策的大力支持、产业内各参与者的持续投入下，2016 年，中国的大数据产业继续保持了迅猛的发展态势，针对大数据的 IT 投资规模由 2015 年的 124.9 亿元，增长至 2016 年的 179.5 亿元，增速达 43.7%。

**图 3 - 1　中国大数据 IT 投资规模及增速**

资料来源：赛迪顾问，2016 年 12 月。

### 二、产业生态化进程加快

2016 年，我国大数据产业生态化进程加快，上海大数据联盟、大数据试验场联盟、中国大数据产业生态联盟等行业组织纷纷成立，数据源、解决方

16

案提供商、研究机构、投资方、行业用户等生态参与者之间的联系更加紧密。特别是 2016 年 8 月，中国大数据产业生态联盟的正式成立，为大数据产业内的共生互赢、交流合作搭建了平台，成为我国大数据产业生态建设的一大标志性事件。

## 三、区域集聚效应初步显现

在区域发展方面，我国 2016 年大数据产业的集聚效应初步显露，形成了京津冀、长三角、珠三角、中西部地区和东北地区五个各具特色的产业集聚区。其中京津冀地区打造大数据协同发展体系，长三角地区城市将大数据与当地智慧城市、云计算发展紧密结合，珠三角地区在产业管理和应用发展等方面率先垂范，中西部已经成为大数据产业发展新增长极，东北地区将行业大数据作为发展重点。

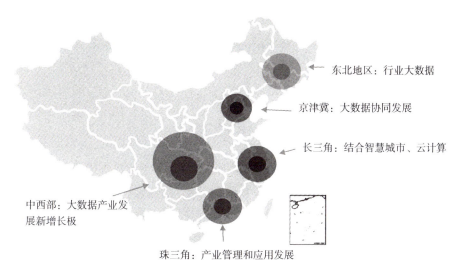

东北地区：行业大数据

京津冀：大数据协同发展

长三角：结合智慧城市、云计算

中西部：大数据产业发展新增长极

珠三角：产业管理和应用发展

图 3 - 2　中国大数据产业集聚发展区

资料来源：赛迪顾问，2016 年 12 月。

## 四、企业融资估值日趋增高

经过前几年的发展，我国大数据产业格局日趋成熟，处在 A 轮融资阶段的初创型企业占比有所减少，越来越多的企业走向了 B 轮甚至 C 轮的融资。

而这些进行 B 轮或 C 轮融资的企业，由于经受过市场的检验，赢得了投资人的信任，融资估值也日趋增高。

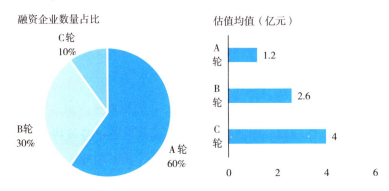

图 3－3　中国大数据企业融资情况图

资料来源：赛迪顾问，2016 年 12 月。

# 第二节　产业内竞争加剧，重点领域将迎来应用爆发

## 一、国家层面规划指导陆续出台

我国政府对大数据产业的发展高度重视，2015 年 8 月，国务院出台《促进大数据发展行动纲要》，2016 年 3 月，国家"十三五"规划纲要中专门提出：实施国家大数据战略，加快政府数据开放共享，促进大数据产业健康发展。工业和信息化部于 2015 年就开始了《大数据产业"十三五"发展规划》的编制工作，经过一年多的论证与酝酿，该规划已经出台，将为我国大数据产业的科学发展提供顶层指导。

## 二、产业的高速增长态势有望延续

我国的大数据产业还处在初始发展阶段，无论是社会还是产业对大数据的需求都还有巨大的挖掘潜力，在市场及政策的双重刺激下，赛迪顾问认为，大数据产业的高速增长态势将继续得到保持，预计 2017 年，增速将保持在

40% 以上，针对大数据的 IT 投资规模将突破 250 亿元。

图 3 - 4　中国大数据 IT 投资规模预测

资料来源：赛迪顾问，2016 年 12 月。

## 三、重点行业领域迎来应用爆发

作为大数据产业中最核心，同时也是最具价值的环节，数据应用将成为大数据产业下一阶段发展的重点。赛迪顾问判断，随着国家对"健康中国 2030"及"中国制造 2025"战略的大力推进，医疗及工业的大数据行业应用有望在 2017 年迎来爆发。以上两个领域均具备数据量大、影响面广、信息化程度相对较高的特点，且分别在民生、经济方面具有较强影响力，行业应用将呈现明显的示范带动效应。其中医疗大数据应用将重点聚焦在医院健康医疗数据信息的管理、基于数据分析的诊断辅助、智慧医疗便民体系建设等内容，而工业大数据应用则重点聚焦于用物联网、大数据技术进行生产流程管理的智慧化生产、基于市场需求分析的柔性生产与供应链管理等内容。

## 四、产业内竞争加剧，一批企业将面临淘汰

过去两年大数据的热潮，催生出大批大数据企业及解决方案。2017 年，随着大数据产业的日趋成熟，各界对大数据的理解不断加深，大数据产业内的优胜劣汰将更加明显。一部分在技术层面领先，或在行业扎根程度与实践积累较深的优秀企业，将拥有更大的话语权与竞争力；而另一部分技术水平不突出，且对细分行业理解不深、缺少行业资源的大数据企业，将在业务的

开展开拓中面临到较大困难，甚至逐渐被市场所淘汰。

## 五、产业内投资趋向谨慎理性

行业内竞争的加剧，将放大产业内的投资风险。而随着虚拟现实、人工智能、Fintech 等投资热点的不断涌现，大数据产业也不再是资本炒作的最佳领域。可以预见，大数据产业内的投资热度将有所下降，投资规模、频率的增长会有所放缓。但这并不意味着大数据产业已丧失投资价值，恰恰相反，大数据产业内值得投资主题依然众多（如金融大数据、医疗大数据、工业大数据），只是投资对象的选择将更趋于谨慎理性。产业进入投资冷静期后，资本将更有针对性地流向优质的企业及项目，从而进一步促进业内的优胜劣汰，同时投资方获得投资回报，融资方获得发展助力，形成产业的良性发展。

# 第四章　云计算

## 第一节　2016年中国云计算市场依旧以硬件为主

### 一、云计算市场公有云服务仍然占比不高

云计算服务市场由云计算数据中心基础设施、IaaS、PaaS、SaaS四个细分市场构成。2016年中国云计算市场依然保持增长，预计整体市场规模将达到2797亿元，同比增长41.7%。

图4-1　2013—2016年中国云计算市场规模及增长率

资料来源：赛迪顾问，2016年12月。

公有云服务市场规模在2015年已经达到156.2亿元，预计2016年全年市场规模将达到228.6亿元，同比增长46.3%。

公有云服务市场规模仍然仅占整体云计算市场规模的8%，主要是中国云计算市场规模依然以硬件投资为主，云计算服务市场还未起到主导作用，公有云服务的市场培育之路依然艰巨。

图4－2　2013—2016（E）年公有云服务市场规模及增长率

资料来源：赛迪顾问，2016年12月。

## 二、自主可控激发云服务国产化投资热情

自2013年"棱镜门"事件爆发后，政府与企业对于信息安全的重视程度不断提升，信息系统自主可控备受各级政府与产业界的关注。

自中央网络安全和信息化领导小组成立后，政府和国有大型企业对信息安全的重视提升，受此影响，金融、电信、互联网等各行业企业也将自主可控和国产化作为信息系统采购的重要标准。当前，国内互联网、运营商等主要云服务提供商已大规模采用国产服务器设施与开源软件工具，国内信息系统服务安全水平有所提升。中国"自主可控"政策深入影响着IT行业的发展，由于中国本土厂商在IT核心技术上落后于国际IT企业，尤其是在虚拟化、数据库、操作系统等核心基础软件领域。这种现象使得具有一定技术实力的本土云计算服务提供商在中国市场上具有天然优势，因此可重点关注国内本土化云计算服务提供商。

## 三、互联网巨头掀起云计算市场多维竞争

2016年，除了电信运营商和IT巨头们纷纷布局基础设施服务，互联网巨头也蜂拥而至，在产业布局方面呈现多维化，是选择平台化还是场景化，互联网巨头做出了不同的选择。一类是以阿里云为代表的提供IaaS服务的厂商：2016年阿里云在云计算领域选择了平台化作为其商业模式，通过提供网络、

计算、存储等服务，并以此吸引 PaaS 和 SaaS 类的合作伙伴。另一类是以网易、京东为代表提供场景化云服务的厂商，向用户提供解决方案或者垂直化服务：京东云选择了电商云、物流云、智能云、金融云等作为主要服务。还有一类就是平台化和场景化两者合一的厂商，这类的典型代表就是腾讯和百度。除了提供数据中心建设和网络、存储、计算等核心服务外，还针对各行业推出一系列的云计算行业解决方案。

### 四、公有云服务市场迎来更多实力竞争者

2016 年，中国云计算市场又迎来两大云服务厂商正式在中国落地。8 月初，AWS 与光环新网合作在北京地区商用 AWS 公有云服务，紧随其后，9 月下旬，Oracle 宣布与腾讯云正式签署合作协议，至此中国公有云市场又迎来两大实力竞争者。到目前为止，微软、IBM、AWS、Oracle 陆续通过与国内 IDC 厂商的合作，在中国市场逐步展开服务，随着其业务的持续开展，有可能打破目前的公有云市场竞争格局。而为了应对中国客户对数据本地化的需求，各个厂商都推出了类似公有版、专有版和本地版的不同服务模式，根据行业特性和客户需求为客户提供相应版本的云服务产品。

# 第二节　2017 年中国云计算市场将继续保持高速增长

## 一、2017—2019 年云计算市场基础设施仍将保持较大占比

预计未来云计算市场规模仍将保持 20% 以上的增长速度，到 2019 年中国云计算市场规模将达到 5706.4 亿元。从细分市场结构来看，云计算基础设施的比例仍然最大，但增速最慢，私有云市场与公有云市场在未来几年都将保持快速的增长。

图4-3　2016—2019年中国云计算市场规模及增长率预测

资料来源：赛迪顾问，2016年12月。

公有云服务市场在未来三年仍将保持40%以上的增长速度，至2019年整体规模将达到693亿元。

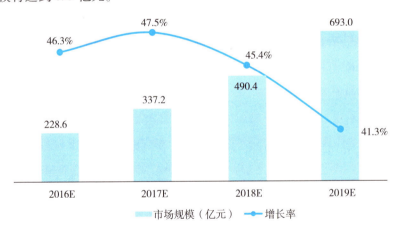

图4-4　2016—2019年中国公有云服务市场规模及增长率预测

资料来源：赛迪顾问，2016年12月。

## 二、混合云将是云计算服务应用主要趋势

从长远来看，私有云和外包的公有云服务混合模式将长期并存。混合云是把公有云和私有云的优点融于一体的更具功能性的解决方案，同时解决公有云的安全和可控制问题，以及私有云的成本高、弹性扩展不足问题，混合

云技术的灵活性可以将工作负载极大地提高。例如，在教育领域，混合云可以有效整合、协同校内和校外业务资源，灵活转化存储空间，提高灵活性，并可满足移动化需求。目前，越来越多的企业将云计算运用到公司经营管理中，基于控制、安全、扩展方面的考虑，很多大型企业希望私有云和公有云能够顺畅对接、自由切换，因此将对混合云架构产生巨大需求。混合云的优势将使其迅速普及，涉及的范围不断扩大，未来将覆盖政务、广电、医疗、安防、银行等行业领域，成为云计算市场的主力。

### 三、综合跨平台管理能力将成投资新热点

从市场竞争来看，云计算的三大平台的具体落地将不可能完全由同一家厂商来实施，不同层级的厂商具备各自不同的优势，按职能可划分为云平台提供商、云系统集成商、云应用开发商、云服务运营商，只有不同厂商之间联合协作，建立云计算产业生态体系，才能使云计算突破不同层面的障碍，满足客户不同级别的服务需求。

从企业 IT 建设需求来看，随着企业 IT 基础设施云化和互联网化进一步深入，行业客户尤其是大型企业客户为了加强对自身 IT 建设的控制权，将不断提升自身的软件开发能力，现有 IT 系统梳理以及与新的互联网系统的整合是重点工作之一。近期来说，在未来 2—3 年内，集成类的平台工具和软件产品会持续发展，而 API 经济业也将继续火热。

另外，企业客户所使用的云服务将与其既有的 IT 架构不断融合，大量企业客户还是会遗留一定的传统 IT，随着混合模式的长期存在，且部分客户将不会锁定一套公有云平台，跨平台管理将是下一个需求热点。

### 四、PAAS 平台将成为市场竞争的决胜一环

与公有云服务的其他两层市场相比，PaaS 市场的总量不大，至今仍处于发展初期，市场认知度较低，但随着用户接受度逐渐升高，各厂商对 PaaS 的投入和关注度正快速增长。PaaS 介于 SaaS 和 IaaS 之间，它为开发者和公司提供了一个更加容易运营和部署应用软件的环境。PaaS 能让用户将云基础设施部署与创建到客户端，或者借此获得使用编程语言、程序库与服务。用户不

需要管理与控制云基础设施，包含网络、服务器、操作系统或存储，但需要控制上层的应用程序部署与应用代管的环境。简单地说，PaaS 使得开发者免除了麻烦的设置、配置，也不需要对服务器和数据库进行太多的管理。PaaS 不仅提高了开发应用程序的速度，还节省了开发费用。另外，开发者也可以把更多的精力放在应用创新和业务上。

另外，PaaS 平台是未来生态的集成，已经成为了市场竞争的重要一环，平台作用吸引大公司介入，IaaS + PaaS 或 SaaS + PaaS 模式将成趋势，PaaS 层成为厂商建立生态的重要依托平台、混合云模式的主要依托者，对公有云和私有云进行管理和部署。

### 五、垂直化行业 SAAS 应用或突破现有瓶颈

目前，企业级 SaaS 市场上的产品以通用型居多，如 CRM、HR、OA、协同、财务等，但是不同行业、不同发展阶段的企业需求不同，一个通用模板解决不了全部的个性问题，越来越多的公司开始寻找更适用于特定行业的软件。另外，随着越来越多的厂商涌入以及 BAT 的入局，通用型 SaaS 市场产品同质化现象日益突出，竞争越来越激烈，厂商生存并不轻松。反观垂直型 SaaS，凭借其市场渗透快、竞争壁垒高、获客成本低、高定价权等优势，可以快速占领细分市场。

不论是从客户需求来看，还是从行业发展前景来看，企业级 SaaS 的垂直化已成趋势，资本市场也非常看好。在国内，仅在 2016 年 8 月上旬，连续有三家垂直细分 SaaS 企业获得融资，其中已经登陆新三板的餐饮 SaaS 提供商客如云融资 2.2 亿元，成立仅半年的网贷催收公司贷后邦获得 600 万元天使轮融资，为服装批发/零售商提供进销存 SaaS 系统的秦丝科技获得千万元级别的 Pre – A 轮融资。

### 六、"云上"竞争将成为智能家居的主基调

通过云计算，可以实现各设备的信息之间的流转与交换，把智能家居真正变得"智能"，提高智能家具的实用性，资源合理分配，使这些庞大的数据安全储存，家庭安全也便无后顾之忧。云服务实现的有效存储与互联网之间

的相互沟通，不同品牌之间的差距也被缩小。

目前使用云平台技术的智能家居系统多为无线系统，布线更简单、管理更高效、智能化更灵活。对于基于云平台的智能家居系统，其核心功能在于背后提供的服务。当大多数智能家居系统都利用分布式云端系统进行场景运算和学习时，智能家居才能真正实现用户的无感操作，摆脱对于手机 APP 等遥控手段的依赖，因此，云服务是智能家居发展的必然之势，未来智能家居企业的竞争，大多数都是"云上"的竞争，比拼的是云端和软件服务能力。

# 第五章 信息安全

## 第一节 2016 年安全形势依旧严峻，市场关注度持续上升

### 一、信息安全需求增加，安全市场保持热度

2016 年，信息泄露事件频频发生，DDoS 攻击、勒索软件等网络攻击规模不断上升，信息安全市场关注度也不断提升，政府部门、重点行业在信息安全产品和服务上的投入持续增加，信息安全市场依然保持较强的发展势头，赛迪顾问预测 2016 年信息安全产品市场整体规模预计达到 338.39 亿元，比2015 年增长 22.3%。

图 5-1　2013—2016 年中国信息安全产品市场规模与增速

资料来源：赛迪顾问，2016 年 12 月。

## 二、移动安全问题进一步突出

近年来，由于智能手机的普及和移动支付的爆发，网络安全风险逐渐向移动端侵袭，潜在的安全风险最终演变为远程控制、骚扰、电信诈骗等行为，影响手机用户的日常生活。2016 年发生了多起诈骗电话致受害者离世的案件，电信诈骗已经从早期的电话诈骗发展成为 Android 木马冒充"公安"电信诈骗，诈骗者可以依靠植入受害人手机的木马，在其不知情的情况下完成远程转账。移动安全问题已经不可避免地影响到手机用户的正常生活，也逐渐被更多手机用户所关注，尤其是在移动支付领域，安全性问题是手机用户最为关注的问题。因此，越来越多的移动安全类企业进入安全市场，移动安全类企业不但为用户提供病毒查杀、软件权限管理、流量监控等服务，帮助用户监控应用程序的使用情况，还为移动应用开发者提供安全防护平台，为 APP 提供漏洞扫描和加固服务，从开发源头对 APP 进行防护，充分保护移动端的使用安全。

## 三、信息安全领域继续加强合作与交流

2016 年，信息安全会议活动集中开展，网络安全攻防大赛频频举办，各级会议规模及影响力逐渐增加。第三届"首都网络安全日"及首届"国家网络安全宣传周"成功举办，体现了从国家层面上在提高信息安全宣传意识及普及工作，加大企业信息安全推广力度。成立了首个网络安全领域的专项基金，为信息安全产业发展提供了资金支持。据统计，2016 年大型的安全会议活动有三十多场，另外还有各安全协会联盟、安全企业召开的学术研讨会、发布会、战略合作会等，会议活动非常火爆，信息安全关注度不断提升，中国网络安全产业联盟与中国网络空间安全协会等联盟正式成立，信息安全领域企业加速技术交流与产品合作。

## 四、信息安全资本市场更加关注初创企业

2016 年，随着政策的落实和市场的关注，信息安全资本市场依然活跃，信息安全的初创公司明显更受资本青睐，融资额从 500 万元到 5 亿元不等，涉及安全的各个领域，尤其是云安全与大数据安全领域。浪潮与思科合资公

司成立、紫光与惠普成立新华三、南阳股份并购天融信、启明星辰收购赛博兴安等大型并购事件不断发生，一方面说明国外大型企业利用合作的方式进入中国市场，另一方面说明为了处理新的安全威胁，安全企业正在吸纳那些提供单点解决方案的同行，整合更安全的产品。2016年，海天炜业、信元网安、以太网科等具有一定规模的安全企业在新三板挂牌，安全厂商在各自细分领域专注提升创新能力，增强市场竞争力。

## 第二节　2017年安全威胁继续升级，市场保持稳定增长

### 一、信息安全产品市场未来三年有望突破 600 亿元

未来3年，随着国际信息安全局势的复杂变化，政府依然高度重视信息化和网络安全投入，电信、金融、能源等行业不断加强其信息安全建设，关键行业和领域信息安全产品国产化替代不断推进，信息安全产品将更具自主创新性并且更加多元化。2019年，中国信息安全产品市场规模将达到602.0亿元，未来三年的复合增长率为21.2%。

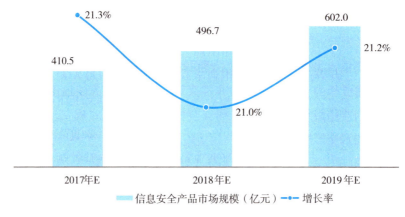

图 5 - 2　2017—2019 年中国信息安全产品市场规模预测

资料来源：赛迪顾问，2016年12月。

## 二、网络安全法实施带动网络基础设施安全发展

当前，金融、能源、电力、通信、交通等领域的关键信息基础设施是经济社会运行的神经中枢，是网络安全的重中之重，是网络战首当其冲的攻击目标。2016 年，国家通过了《网络安全法》，于 2017 年 6 月 1 日正式实施。从法律层面进一步界定关键信息基础设施范围；明确提出国家要对关键信息基础设施重点保护，要加强网络安全信息收集、分析等工作，采取措施防御处置网络安全风险和威胁等。受国家政策影响，国家关键信息基础设施网络安全迎来了新的发展机遇。

## 三、云安全方面投入将数倍增加

2017 年，我们将看到更多针对云管理平台、工作负载和企业 SaaS 应用的攻击，这也会变相导致企业会比使用传统的台式机和服务器更多地对权限管理和预算进行投入。因此，各安全企业纷纷布局云安全防线，切实提供云服务安全应用，保护包含用户信息的应用及服务免受勒索软件及其他恶意软件的侵扰。随着我国行业云以及政务云的逐步落地，云计算产业开始爆发式增长，对云安全的重视程度也不断提升，针对云环境的虚拟化安全产品具有广阔发展前景，中国云安全整体的市场规模会随云计算市场增长而快速崛起。

## 四、物联网安全将成为市场爆发点

随着物联网连接企业网络、消费者家庭和地方政府，物联网世界存在各种协议和标准的问题，过于复杂的架构以及设备厂商在安全方面的忽视，汽车、医疗设备、智能家居等物联网设备安全风险剧增。2017 年，利用物联网在通信和数据收集链中的缺陷，以及针对物联网设备的攻击将会更加复杂，规模也会越来越大。因此，那些能够确保产品安全的物联网厂商则将在 2017 年借此赢得市场青睐，为物联网厂商提供身份认证、可信芯片、机密通信等安全技术将是安全领域的重要布局点。

## 五、威胁攻击的自动化迫切需要更智能的安全防御

近年来，安全威胁变得更加智能，攻击执行趋于自动化。在如今高度动态、多平台网络中，安全厂商必须看到利用基于成功的学习机制提升攻击效率的自适应恶意软件，重新思考他们传统的孤立开发安全工具的方法，需要从深度学习开始，打造智能防御的安全体系。因此，在2017年，许多安全厂商和服务提供商将应用人工智能、机器学习和深度学习、高级算法和数据可视化等功能，以帮助企业识别和避免攻击。

## 六、安全市场将从以网络安全产品为中心转向综合安全解决方案

2017年，信息安全服务市场需求逐步扩大，随着信息安全问题的日益复杂，单一的信息安全产品已不能满足用户的需求。用户需要的是一个安全可信的整体信息安全架构和"一体化"的解决方案。因此，信息安全市场具有核心关键技术、产品和较强服务能力支撑的信息安全骨干企业，都将继续利用自身的优势提供系统集成、平台服务等安全综合服务。

# 第六章　工业软件

## 第一节　2016 年中国工业软件市场延续调整态势

### 一、市场环境与增速仍处于调整阶段

2016 年，中国工业软件市场在宏观经济与工业转型的双重影响下，发展延续平台调整阶段。根据 2016 年前三季度数据，预计 2016 年中国工业软件市场规模将达到 1241.90 亿元，同比增长 15.0%，增速仍高于全球工业软件市场增长，且较 2015 年略有回升。在《中国制造 2025》落地实施的大背景下，部分试点企业发力智能制造，对于工业软件以及信息化服务保持较旺盛的需求。

图 6-1　2013—2016 年中国工业软件市场规模与增速

资料来源：赛迪顾问，2016 年 12 月。

## 二、嵌入式软件迎来快速发展时期

在工业软件细分领域中，嵌入式软件增长速度明显加快，主要受益于工业企业对工业智能终端、工业传感器、工业自动化装备等领域的巨大需求。研发设计类、生产控制类软件保持平稳增长，信息管理类软件增速则有所回落。

## 三、标准化及试点工作加速智能制造发展

2015 年底，工信部和国标委联合发布《国家智能制造标准体系建设指南》，标志着智能制造标准化工作的开端，为解决智能制造发展中的标准缺失、滞后以及交叉重复等问题起到了基础性和引导性作用。同时，工信部印发《智能制造试点示范 2016 专项行动实施方案》并公布 2016 年智能制造试点示范项目名单，包括河北钢铁、大连机床、歌尔声学、西安中兴等企业在内的 63 家单位成为第二批试点，智能制造试点正在稳步推进。

# 第二节　2017 年中国工业软件热点迎来爆发机会

## 一、市场规模平稳增长，发展环境逐渐优化

未来三年，全球市场的消费需求将不会发生显著变化，而国内产业结构与发展模式的调整和转型尚未完成，宏观经济将呈现"L 型"走势。在这种情况下，我国将智能制造作为制造业转型发展的主要方向，将围绕工业软件、CPS、工业通信系统等领域打造经济发展的新动力，并通过政策引导、基金支持、试点先行的方式营造良好的市场环境。因此，工业软件市场将有望在逐渐改善的市场环境中保持平稳增长。

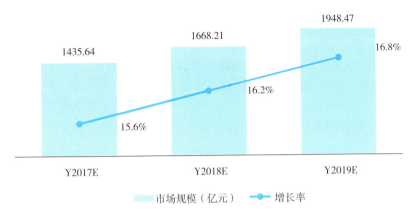

图 6 - 2　2017—2019 年中国工业软件市场规模预测

资料来源：赛迪顾问，2016 年 12 月。

## 二、智能工厂建设加速，系统性服务需求增长

随着工信部两批智能制造试点示范项目的先后落地，智能制造试点建设覆盖了除吉林、青海、西藏外的全部省份以及大多数行业。预计 2017 年将会

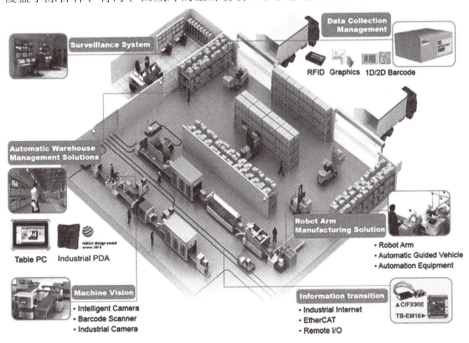

有更多企业的智能制造项目入选成为试点，由此带动区域和行业的智能化发展，进而带来的智能工厂整包服务需求将十分巨大。在系统软件端提供服务的 SAP、用友等企业以及在基础设施端提供服务的施耐德、西门子等企业将有望形成联合，以增加各自产品的兼容性和竞争力。

### 三、机器换人成为趋势，嵌入式软件有望迎来爆发

目前，活跃在中国工业机器人市场上的除了库卡、发那科、ABB、安川等国际龙头厂商外，还有国内大小企业 800 余家，其中不乏沈阳新松、广州数控等具有一定自主核心技术的企业。然而，目前的工业机器人更适应完成搬运和传送等这些简单的工序，匹配度与维护成本仍是用户考虑的主要因素。因此，为了提升机器人的智能化水平，各大厂商仍将在核心软件领域增加投入，嵌入式软件有望迎来爆发。

### 四、围绕智能互联热点，打造新型商业模式

作为智能制造的核心，CPS 所涵盖的智能控制与通信网络等领域正在迎来快速发展，而更广泛的连接与更智能的控制使柔性定制成为可能，进而改变制造业的商业模式。海尔围绕智能互联的理念，通过搭建信息智能交互平台，实现了用户、工厂、供应商之间的信息互联，让全球用户从原先只参与产品购买环节转变为参与产品研发、设计、生产等全过程中。在用户需求日益碎片化、个性化的体验经济时代，海尔以互联网思维为核心重建供需关系，实现了从大规模制造向大规模定制的转型。

### 五、投资并购继续升级，聚焦设计与通信环节

2016 年 11 月，通用电气先后以 9.15 亿美元和 1.53 亿美元的价格买下云服务公司 ServiceMax 和加拿大工业物联网软件公司 Bit Stew，以完善公司在工业互联网领域的布局。几乎在同一时间，西门子宣布将以 45 亿美元总价收购美国工业软件供应商 Mentor Graphics，以扩展其现有的工业软件产品组合，提升数字化制造能力。随着通用电气与西门子等传统巨头的"软件化"进程风起云涌，海外企业纷纷通过并购延伸业务领域，试图打造完整产业链以提升

其竞争力。研发设计与工业通信正成为企业并购的热点领域。

### 六、垂直领域释放潜力，航空电力汽车先行

在航空航天领域，随着"天宫"二号与"神舟"十一号载人飞行任务的完成以及 C919 大飞机首飞，对仿真设计软件的关注和投资热度持续上升。在电力行业，随着智能电网和能源互联网的发展，国电南瑞在电网自动化、工业控制领域业绩获得了高速增长。在汽车行业，随着汽车电子领域的快速发展，研发设计仿真软件与嵌入式软件成为热点。未来，深耕垂直领域的企业将凸显竞争力。

# 第七章　泛娱乐

## 第一节　企业加大全产业链布局，2016 年中国泛娱乐产业快速增长

随着移动互联网的快速发展，中国的泛娱乐产业在网络文学、动漫、游戏、视频、音乐等多种形态的互动、融合与迭代更新中，实现了持续快速发展，2016 年，随着"IP"的崛起，我国的泛娱乐产业迎来了首个黄金发展期。根据赛迪顾问预计，2016 年我国泛娱乐产业整体规模将达到 5172.1 亿元，较 2015 年同比增长 17.3%。

图 7-1　2014—2016 年中国泛娱乐产业规模与增速

资料来源：赛迪顾问，2016 年 12 月。

### 一、网络盗版制约产业发展，国家积极净化网络环境

网络盗版极大地阻碍了泛娱乐产业生态良性发展，国家版权局积极推出

新规范，组织"剑网 2016"行动打击网络侵权盗版活动，并取得了良好效果。

2016 年网络文学产业盗版损失值

30亿元
衍生产品产值损失

50亿元
移动端付费阅读收入损失

150亿

70亿元
PC端付费阅读收入损失

2016 年泛娱乐相关新法规

《关于加强网络文学作品版权管理的通知》

《通知》细化了著作权法律法规的相关规定，提出要"建立网络文学作品版权监管'黑白名单制度'"

关于开展打击网络侵权盗版"剑网 2016"专项行动的通知

剑网行动

## 二、企业加速布局泛娱乐，全产业链运营成为共识

2016 年，腾讯、阿里巴巴、小米、乐视、奥飞娱乐、光线传媒、中文在线等企业均投入巨资，加速布局泛娱乐产业链条，并形成网络文学、动漫、影视、游戏、音乐及相关衍生品于一体的全产业链运作模式。

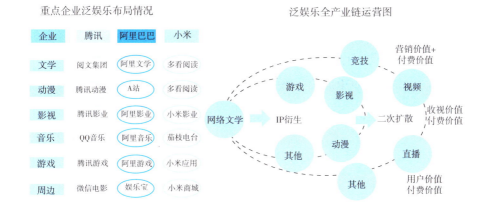

重点企业泛娱乐布局情况

| 企业 | 腾讯 | 阿里巴巴 | 小米 |
|---|---|---|---|
| 文学 | 阅文集团 | 阿里文学 | 多看阅读 |
| 动漫 | 腾讯动漫 | A站 | 多看阅读 |
| 影视 | 腾讯影业 | 阿里影业 | 小米影业 |
| 音乐 | QQ音乐 | 阿里音乐 | 茄枝电台 |
| 游戏 | 腾讯游戏 | 阿里游戏 | 小米应用 |
| 周边 | 微信电影 | 娱乐宝 | 小米商城 |

泛娱乐全产业链运营图

网络文学 → IP衍生 → 二次扩散

竞技　游戏　影视　动漫　其他

营销价值+付费价值　视频　收视价值 付费价值　直播　用户价值 付费价值

## 三、网络文学厚积薄发，影视成倍放大 IP 知名度

网络文学经十余年沉淀积累，成为 IP 内容孵化器，创造了诸多明星 IP，如《欢乐颂》《翻译官》《最好的我们》等年度热剧。2016 年 IP 影视剧大

放异彩，占据了影视排行榜的半壁江山，影视已经成为了 IP 知名度的放大器。

**2016年上半年IP电视剧TOP10**

| 排名 | 电视剧 | IP名称 | 来源 |
|---|---|---|---|
| 1 | 欢乐颂 | 《欢乐颂》 | 网络文学 |
| 2 | 亲爱的翻译官 | 《翻译官》 | 网络文学 |
| 3 | 女医明妃传 | 《女医明妃传》 | 网络文学 |
| 4 | 青丘狐传说 | 《聊斋志异》 | 经典文学 |
| 5 | 因为爱情有幸福 | 《顺藤而上的你》 | 韩剧 |
| 6 | 山海经之赤影传说 | 《山海经》 | 经典文学 |
| 7 | 寂寞空庭春欲晚 | 《寂寞空庭春欲晚》 | 网络文学 |
| 8 | 仙剑云之凡 | 《仙剑奇侠传五》 | 游戏 |
| 9 | 最好的我们 | 《最好的我们》 | 网络文学 |
| 10 | 我是杜拉拉 | 《我是杜拉拉》 | 出版文学 |

**2016年上半年IP电影TOP10**

| 排名 | 电影 | IP名称 | IP类型 | 票房 |
|---|---|---|---|---|
| 1 | 魔兽 | 《魔兽世界》 | 游戏 | 14.7亿 |
| 2 | 美国队长3 | 《内战》 | 漫画 | 12.4亿 |
| 3 | 孙悟空三打白骨精 | 《西游记》 | 经典文学 | 12.0亿 |
| 4 | 澳门风云3 | 《澳门风云》 | 电影 | 11.2亿 |
| 5 | 功夫熊猫3 | 《功夫熊猫》 | 电影 | 10.0亿 |
| 6 | 奇幻森林 | 《森林王子》 | 动漫 | 9.8亿 |
| 7 | 星球大战：原力觉醒 | 《星球大战》 | 电影 | 8.3亿 |
| 8 | X战警：天启 | 《X战警》 | 漫画 | 8.0亿 |
| 9 | 不二情书 | 《北京遇上西雅图》 | 电影 | 7.8亿 |
| 10 | 叶问3 | 《叶问》 | 电影 | 7.7亿 |

# 第二节  2017 年中国泛娱乐产业将加速成长，领域细分、深度开发成趋势

2017 年泛娱乐产业规模预计达到 6084.1 亿元，较 2016 年同比增长 17.6%，保持平稳增长。

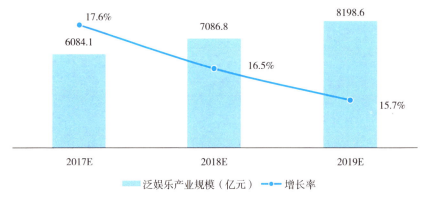

图 7 - 2  2017—2019 年中国泛娱乐产业规模与增速

资料来源：赛迪顾问，2016 年 12 月。

## 一、二次元用户快速增长，二次元将成为创业新方向

随着二次元手游、社群文化的普及和内容升级，中国二次元用户数量快速增长，预计未来边缘二次元用户扩张速度会持续高于核心用户。基于二次元内容高黏性、强社交、易二次扩散等特点，二次元将成为2017年创业新方向。

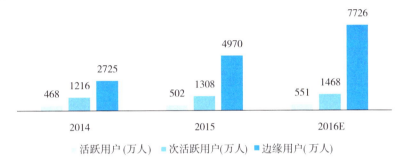

图7-3 中国二次元内容消费用户规模

资料来源：赛迪顾问，2016年12月。

## 二、用户社交方式转变，短视频将成为投资新热点

随着移动端应用的兴起，人们越来越倾向于随时随地、不受限制地第一时间分享个人动态。短视频可以更加直观地满足用户的表达以及沟通需求，同时满足人们展示以及分享的诉求。2017年，短视频将成为泛娱乐企业重点投资行业，预计总投资数将达到60笔。

图7-4 2013—2017年短视频行业投资笔数

资料来源：赛迪顾问，2016年12月。

### 三、VR产品加速发展，新技术将助力产业新融合

2016年中国VR行业进入爆发式发展阶段，VR产品不仅在内容体验和交互方式上更加人性化，产品价格也在普通消费者承受范围内。通过VR技术与现有细分产业领域的应用融合，用户可以获得更好的沉浸感体验。

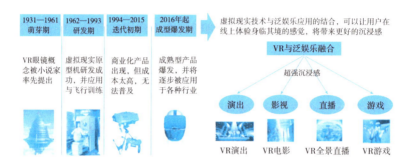

**图7-5　VR发展历程及与泛娱乐融合方向**

### 四、IP变现价值凸显，衍生品市场发展空间巨大

泛娱乐产业的发展中，"IP"成为了支撑产业发展的核心，变现能力日益增强。虽然对比美国、日本的情况，我国衍生品市场发展仍然较为缓慢；但是随着中国用户对优质IP的市场需求、国家版权保护力度以及IP运作能力的不断加强，IP衍生品的购买力将会被释放，市场空间巨大。

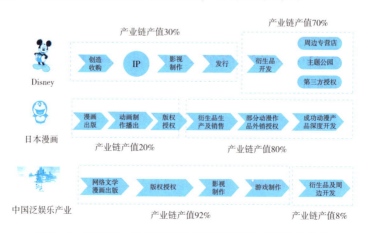

**图7-6　迪士尼、日本漫画及中国泛娱乐产业链价值分布**

# 第八章　社交网络

## 第一节　2016 年中国社交网络市场持续增长，社交趋于移动化，产品趋于多元化

### 一、社交网络市场规模持续增长，整体增长速度减缓

截至 2016 年 6 月，中国互联网用户规模达到 7.1 亿，社交网络用户占整体网民的九成以上，在庞大用户群体的需求刺激下，社交网络市场规模呈现持续增长态势。但随着社交应用的格局趋于稳定，市场规模增长速度有所减缓。

图 8 - 1　2012—2016 年中国社交网络市场规模与增速

资料来源：赛迪顾问，2016 年 12 月。

## 二、移动化势头不减，手机成为社交主要工具

2016 年，中国手机用户持续增长，截至 6 月，中国网民中即时通信用户规模达到 6.42 亿，这说明大批量的 PC 端用户逐渐向移动端转移，移动互联网时代推动移动端社交应用繁荣发展。

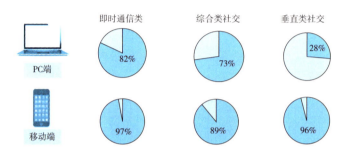

**图8-2　2016 年中国社交应用使用情况**

资料来源：赛迪顾问，2016 年 12 月。

## 三、社交应用产品趋于多元化，向多种使用场景延伸

随着互联网、移动互联网的飞速发展，社交网络不再仅仅局限于人们之间的即时通信，"电视社交""直播社交""电商社交"等各类社交应用新产品趋于多元化。

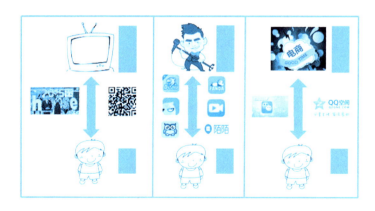

**图8-3　多元化社交产品**

资料来源：赛迪顾问，2016 年 12 月。

# 第二节　2017 年中国社交网络市场规范化，信用体系完备化，商业模式多样化

## 一、随移动互联网飞速发展，社交网络市场增长势头依然强劲

随着移动互联网的飞速发展，人们对于社交应用场景有着迫切需求，中国社交网络市场具有较大的增长潜力。同时，大量投融资事件将会助推整个社交行业的发展。

图 8 - 4　2016—2018 年中国社交网络市场规模预测

资料来源：赛迪顾问，2016 年 12 月。

表 8 - 1　2016Q4 社交网络部分投融资事件

| 公司 | 金额 | 轮次 | 行业 | 时间 |
| --- | --- | --- | --- | --- |
| 嗨球科技 | 数千万元 | 天使轮 | 内容产业，社交 | 2016.12.7 |
| 小行星 | 未公开 | 天使轮 | 社交 | 2016.12.2 |
| owhat | 数千万元 | A+轮 | 移动互联网，社交 | 2016.11.24 |
| 在行-分答 | 未公开 | A+轮 | 内容产业，社交 | 2016.11.24 |
| 出彩 | 220万元 | 天使轮 | 社交 | 2016.11.8 |
| 图加 | 300万美元 | Pre-A | 社交 | 2016.10.21 |

资料来源：赛迪顾问，2016 年 12 月。

## 二、直播社交市场更加规范化，专业化直播将推动行业发展

从政策层面上来看，2016 年国家出台了三项关于直播行业的政策法规，这对于直播平台中的低俗不雅文化起到管制作用，加速直播行业的规范化及健康化运营。从行业层面上看，秀场直播市场将会受到压缩，主播依靠"秀色"获取打赏的模式会逐渐被淘汰，2017 年，直播＋电商、直播＋教育等形式将变得更加成熟，直播＋行业的趋势将会更加明显。直播，既是娱乐，也是社交，依靠社交的专业化垂直领域直播将会推动整体社交网络市场的发展。

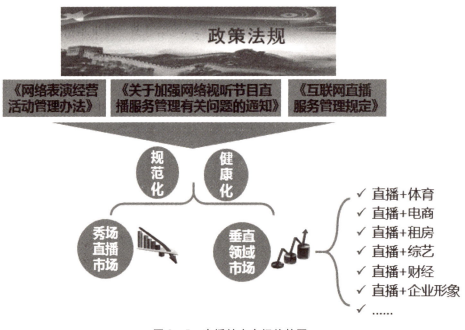

图 8－5　直播社交市场趋势图

资料来源：赛迪顾问，2016 年 12 月。

## 三、个人信誉时代到来，社交信用体系亟待完善

2016 年，中国互联网用户达 7.1 亿，社交平台对文化多样性的促进作用日益显现，成为人们网络社交应用的主流。2017 年，互联网征信将会成为热点，利用大数据、云计算等方法建立的信用平台将被广泛应用于网络虚假

信息的处理、社交平台用户的信用评估等方面。净化社交网络环境、完善社交信用体系刻不容缓。

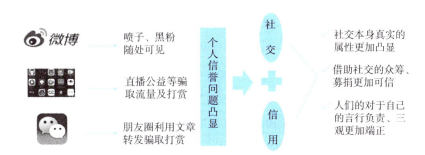

图 8 – 6　社交与信用关系图

资料来源：赛迪顾问，2016 年 12 月。

## 四、社交化营销即将崛起，移动社交电商平台成战略要地

面对移动互联网，社交营销对品牌营销是一个有效的营销渠道，营销将更加精准化、高效化，移动社交将成为电商社交化的重要着力点，借助微信、QQ 等社交平台来打通流量入口将会是各大电商平台高效营销的首要任务，社交平台将成为各大电商抢占的战略要地。

图 8 – 7　社交平台、社交化营销及社交电商关系图

资料来源：赛迪顾问，2016 年 12 月。

## 五、以用户体验为核心，VR 社交时代向我们走来

社交将会是虚拟现实的重要着力点，相比于传统社交，VR 社交会给用户

带来前所未见的体验，用户之间的远程交流不再需要借助于 PC 端或移动端的屏幕，人们会在场景中进行互动，或将为互联网社交带来质变。目前 VR 技术仅在游戏、休闲领域有所建树，而 VR 将会广泛应用于出行、教育、办公等领域，从而打造更大的 VR 社交社区，足不出户就能了解世界甚至接触世界的时代即将到来。

| | 功能 | 难点 |
|---|---|---|
| 目前社交 | 即时通信、分享照片、在线视频等 | 用户体验单一，需要借助PC端或移动端屏幕 |
| 未来社交 | 与不同地域的人同处一个虚拟空间进行互动交流 | 触觉技术、眩晕问题 |

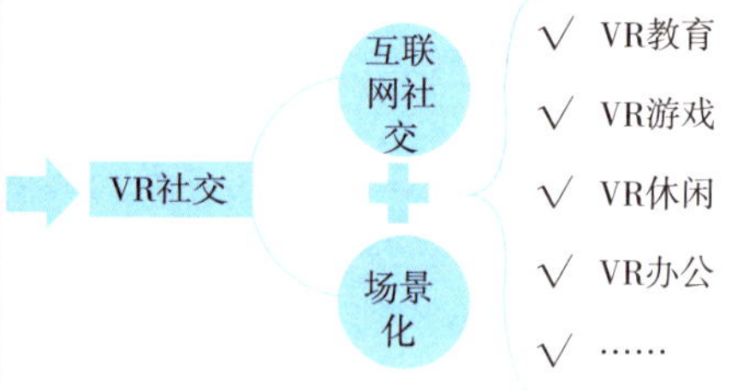

VR社交

互联网社交

＋

场景化

√ VR教育

√ VR游戏

√ VR休闲

√ VR办公

√ ……

**图 8－8　互联网社交发展趋势图**

资料来源：赛迪顾问，2016 年 12 月。

# 第九章　互联网医疗

## 第一节　2016 年中国互联网医疗市场增长势头强劲，投融资市场活跃

### 一、互联网医疗市场持续增长，受到资本青睐

2016 年中国互联网医疗市场规模持续增长，投融资市场非常活跃，互联网医疗创投势头强劲，平均交易额呈现上升趋势。

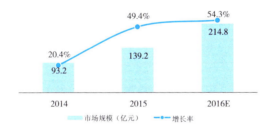

**图 9 - 1　2014—2016 年中国互联网医疗市场规模与增速**

资料来源：赛迪顾问，2016 年 12 月。

**图 9 - 2　2014—2016 年中国互联网医疗市场投融资情况**

资料来源：赛迪顾问，2016 年 12 月。

## 二、互联网医疗市场处于探索期，亟待相关政策支持

目前互联网医疗市场尚处于行业探索期，由于医疗行业在技术、安全等方面存在的特殊性，亟待相关政策的支持以及行业标准的制定。

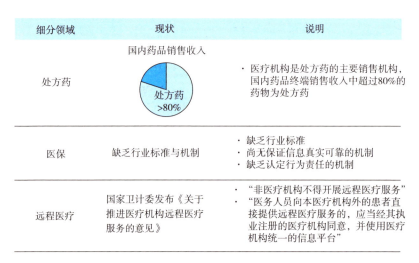

| 细分领域 | 现状 | 说明 |
|---|---|---|
| 处方药 | 国内药品销售收入 处方药 >80% | · 医疗机构是处方药的主要销售机构，国内药品终端销售收入中超过80%的药物为处方药 |
| 医保 | 缺乏行业标准与机制 | · 缺乏行业标准<br>· 尚无保证信息真实可靠的机制<br>· 缺乏认定行为责任的机制 |
| 远程医疗 | 国家卫计委发布《关于推进医疗机构远程医疗服务的意见》 | · "非医疗机构不得开展远程医疗服务"<br>· "医务人员向本医疗机构外的患者直接提供远程医疗服务的，应当经其执业注册的医疗机构同意，并使用医疗机构统一的信息平台" |

**图 9 – 3　互联网医疗探索期面临的现状**

资料来源：赛迪顾问，2016 年 12 月。

## 三、互联网医院呈现出爆发式增长趋势

截至 2016 年 11 月，互联网医院已达 36 家，其中已实现落地运营的共有 25 家，其他 11 家在 2016 年已经公开宣布签约在建，互联网医院呈现出爆发式增长趋势。

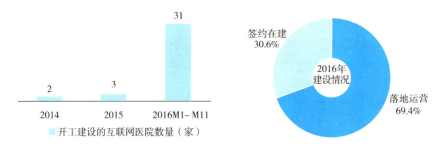

**图 9 – 4　2014—2016 年中国互联网医院建设情况**

资料来源：赛迪顾问，2016 年 12 月。

# 第二节　2017年中国互联网医疗市场在细分领域将会进一步裂变与发展

## 一、医疗大数据的价值将进一步放大，医疗体系进入智慧时代

医疗的核心在于数据，随着在线问诊平台、互联网医院、区域医疗信息化平台等平台逐步搭建完成，企业将积累大量医疗基础数据，通过数据挖掘与数据分析进而构建独特的商业模式，将对互联网医疗企业的发展有极大的促进作用。

**政府**
·提高管理决策科学性
·加强医疗医药体系监控
·快速应对公共突发事件

**患者**
·便捷高效
·受到尊重
·价格适宜
·满足个性化需求

**医疗机构**
·支持临床决策保证用药及治疗安全
·提升医疗机构管理运营机制
·实现不同机构间的资源优化配置

**医药企业**
·获悉精确的行业市场情况
·基于行业需求的药品研发创新
·精准的市场营销

**商业保险**
·更加精准地保险定价
·针对细分客户推出定制化产品

**互联网医疗企业**
·核心在于医疗大数据
·通过数据整合与分析为传统医疗体系参与者提供服务
·基于数据为患者及健康人群提供个性化服务

**图9-5　医疗大数据的应用对于各方的价值**

## 二、预约挂号与医药服务仍将是移动医疗行业主要的用户增长点

目前我国优质医疗资源仍然集中在线下，用户移动端医疗需求仍集中在挂号与日常用药服务方面，未来行业中短期内的用户增长仍将集中在该领域。

图9-6 移动医疗各细分领域重点应用

### 三、针对特定人群的移动医疗细分市场将迎来新一轮爆发式发展

随着人们对自身健康的重视程度和医疗健康支出不断提高，以及各类慢病、重疾发病率攀升及年轻化趋势，针对特定人群的移动医疗细分市场会迎来新一轮爆发式发展。

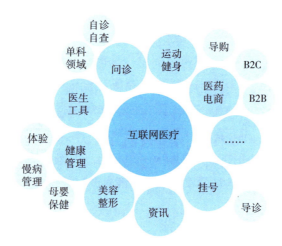

图9-7 移动医疗细分市场裂变示意图

### 四、互联网医疗企业进一步加速布局跨境医疗

中国跨境医疗市场蓬勃发展，预计2020年市场规模将达到531亿元，面临巨大的市场机遇与发展潜力，将成为下一个投资风口，互联网医疗企业进

一步加速布局跨境医疗。

| 平台化特征 | 量身定制模式 | 构建生态联盟 |
|---|---|---|
| 平台化能够连接患者资源及海外医疗机构，具有价格和服务的透明化优势，从而提供多元化的产品将能够满足患者多层需求 | 随着消费升级带来健康服务升级，海外医疗将实现根据患者情况进行量身定制，为患者提供个性化、精准化的服务 | 互联网医疗企业正在与海外医疗机构建立密切的合作关系，拓展医疗+互联网生态联盟，推进海外医疗闭环服务 |

**图 9－8　互联网医疗企业布局跨境医疗的三大模式**

## 五、医药电商呈现 B2C 与 O2O 模式融合趋势

随着 B2C 模式与 O2O 模式的发展成熟，用户对于服务完善性的需求将不断提升，传统药企将扩张线上渠道，网上药店则将与传统药企合作，医药电商将呈现 B2C 与 O2O 模式融合趋势。

**B2C模式出现**
· 服务内容较为单一
· 以药品购买为主要模式
· 注重价格优势

**O2O模式出现**
· 服务内容产生差异化
· B2C与O2O模式分离发展
· 注重用户便利性

**B2C与O2O结合**
· 服务整合能力决定竞争能力，带动实体门店销售，改善网上药店体验
· 建立线上线下结合的社区，O2O模式弥补B2C服务空白，提高用户黏性
· B2C企业拥有完整渠道，能够降低经营成本、提高服务质量
· 注重服务的完善性

**图 9－9　医药电商 B2C 与 O2O 模式融合趋势**

## 六、慢病管理领域将率先形成服务闭环

对于互联网慢病管理企业来说，深耕慢病人群是未来发展的重要机遇与趋势，预计服务闭环将在高血压、肝病、心血管疾病、糖尿病以及肾功能衰竭等五大慢病管理领域形成。

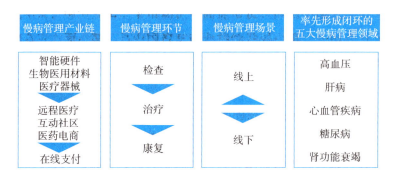

图 9 – 10　慢病管理领域服务闭环

# 第十章 互联网金融

## 第一节 互联网金融行业监管全面趋严，行业发展回归理性

### 一、行业政策监管趋严，互联网金融告别非理性繁荣发展阶段

2015 年下半年以来，我国互联网金融行业风险事件频发，行业监管开始全面趋紧，2016 年是互联网金融监管完善的开局之年，我国互联网金融行业发展逐渐褪去非理性繁荣，规范与安全成为行业发展的主旋律，这对于长期秉承合规、稳健经营理念的优质互联网金融企业而言，企业发展的利好面更大一些。

表 10–1　2016 年互联网金融行业监管政策梳理

| 时间 | 政策或事件 | 主要内容 |
|---|---|---|
| 2016.3 | 政府工作报告提出要规范发展互联网金融。同月，互联网金融协会成立 | 央行前副行长李东荣出任中国互联网金融协会首任会长，首批会员有四百多家，包括银行、证券、基金、期货、保险公司、信托机构、资产管理公司、消费金融公司等金融机构 |
| 2016.4 | 国务院办公厅印发《互联网金融风险专项整治工作实施方案》 | 集中力量对网贷、股权众筹、互联网保险、第三方支付、互联网资产管理及跨界从事金融业务、互联网金融领域广告等重点领域进行整治，建立健全互联网金融监管长效机制 |
| 2016.4 | 《P2P 网络借贷风险专项整治工作实施方案》 | 全面排查网贷机构，同时重点整治和取缔互联网企业在线上线下违规或超范围开展网贷业务，以网贷名义开展非法集资等违法违规活动 |

续表

| 时间 | 政策或事件 | 主要内容 |
|---|---|---|
| 2016.4 | 《非银行支付机构风险专项整治工作实施方案》 | 开展支付机构客户备付金风险和跨机构清算业务整治以及无证经营支付业务整治 |
| 2016.4 | 《股权众筹风险专项整治工作实施方案》 | 重点整治互联网平台违法违规开展业务的8类重点问题 |
| 2016.4 | 《开展互联网金融广告及以投资理财名义从事金融活动风险专项整治工作实施方案》 | 清理整治互联网金融广告、排查整治以投资理财名义从事金融活动行为等 |
| 2016.4 | 《通过互联网开展资产管理及跨界从事金融业务风险专项整治工作实施方案》 | 重点针对具有资产管理相关业务资质但开展业务不规范的各类互联网企业、跨界开展资产管理等金融业务的各类互联网企业、具有多项金融业务资质综合经营特征明显的互联网企业等 |
| 2016.8 | 《网络借贷信息中介机构业务活动管理暂行办法》 | 以负面清单的形式，规定网贷行业不可触碰的13条红线 |

资料来源：赛迪顾问整理，2016年12月。

## 二、市场规模延续增长，网络支付仍是互金行业主要流量来源

2016年，中国互联网金融市场仍旧延续较高速增长态势，市场交易总规模预计达509701.8亿元。但受行业监管政策日益趋严影响，发展逐渐回归理性，市场增长率小幅下滑，达到30.5%。

图10-1　2013—2016年中国互联网金融市场交易规模与增速

资料来源：赛迪顾问，2016年12月。

从细分市场角度来看，网络支付业务仍是贡献互联网金融交易流量的主要来源。2016 年，网络支付市场交易规模预计达到 456183.1 亿元，在互联网金融总规模占比约 89.5%。另外，P2P 业务由于政策监管趋严，借款端与理财端逐渐分离，2016 年网络借贷与理财累计贡献约 46748.8 亿元交易额，占比分别为 3.6% 和 5.5%。以众安保险为代表的互联网保险市场即将爆发，2016 年市场交易规模达到 3148.2 亿元。网络众筹市场延续不温不火状态，市场交易规模仅为 182.6 亿元。互联网金融信息服务发展前景向好，市场交易规模预计达到 152.8 亿元，未来市场发展将保持稳定增长态势。

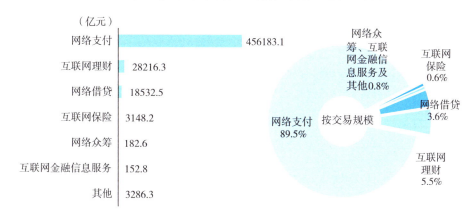

图 10 - 2　2016 年中国互联网金融细分市场规模

资料来源：赛迪顾问，2016 年 12 月。

### 三、行业龙头频频发力，望试水资本市场提升企业综合竞争力

2016 年，我国互联网金融及金融科技领域企业估值屡创新高，蚂蚁金服最新估值高达 600 亿美元，陆金所、众安保险、京东金融分别达 185 亿、80 亿、68 亿美元。随着市场估值的大幅提升，国内互联网金融企业频发力，望登陆资本市场进一步提升影响力，此前 P2P 第一股"宜人贷"率先于 2015 年末在美股上市并表现良好，蚂蚁金服、陆金所、京东金融三大龙头企业或将于 2017 年相继上市，众安保险、趣分期、拍拍贷以及 91 金融等细分领域领军企业也正积极筹划上市，借此提升风险防御能力，同时强化品牌效应及市场认可程度。

表10-2　互联网金融企业上市计划汇总

| 企业名称 | 主要投资者 | 主要内容 |
|---|---|---|
| 蚂蚁金服 | 社保基金、中国人寿、中投海外、建信信托等 | 蚂蚁金服正与曾负责2014年阿里上市的投行进行沟通，预计准备在香港上市。 |
| 陆金所 | 中银集团、国泰君安（香港）、民生商银国际等 | 计划2017年于港交所上市，预计花旗、美林、摩根士丹利、中信等投行将进场启动尽调。 |
| 京东金融 | 红杉资本、嘉实投资、中国太平等 | 近期通过重组将京东金融从京东集团剥离，市场预计是为独立上市做准备工作。 |
| 众安保险 | 蚂蚁金服、腾讯、平安、摩根士丹利、中金等 | 预计将于2017年于香港上市，集资20亿美元，已选定瑞信、摩根大通及瑞银为保荐人。 |
| 趣分期 | 凤凰祥瑞、昆仑万维、源峰创投、国盛金控等 | 公司正计划于美股IPO，花旗、中金、瑞信和摩根士丹利等投行预计已展开初步工作。 |
| 拍拍贷 | 君联资本、海纳亚洲联合、红杉资本 | 计划最早于明年下半年赴美上市，估值或可达20亿美元。 |
| 91金融 | 海通开元、宽带资本、经纬创投等 | 2015年已进入上市辅导阶段，B轮领投的海通证券预计成为上市顾问及承销商。 |

资料来源：赛迪顾问整理，2016年12月。

## 四、商业银行后发追赶，加速布局互联网金融全场景业务生态

近年来，第三方互联网金融企业不断冲击着以银行为代表的传统金融机构业务。面对互联网在金融业各个领域的渗透，我国商业银行开始重新审视自身业务，积极拥抱互联网并向互金公司占据优势的领域进行开拓，直销银行、移动银行、金融科技、电子商务、社交化等均成为商业银行转型的发力点。全国目前已经有50多家商业银行开展了直销银行业务，而银联于2016年底推出的银联二维码支付标准也标志着银行业将全面拥抱二维码支付，这些都表明商业银行正在通过搭建全场景金融生态全力布局互联网金融的下半场。

表 10 – 3　商业银行的互联网金融业务探索

| 银行名称 | 主要内容 |
| --- | --- |
| 工商银行 | 发布了电商购物平台"融 e 购"、理财投资平台"工银额投资",以及支付工具"工银 e 支付"和即时通信工具"融 e 联" |
| 中国银行 | 布局主要围绕支付工具"中银 E 财"和"中银 E 捷" |
| 建设银行 | 不仅构建了电商平台"善融商务",还有理财平台"优智规划",同时搭建的房屋买卖平台"房 e 通"可直接查询房屋售卖信息 |
| 农业银行 | 全力发展农村金融的同时,在互联网金融方面布局了电商平台"e 购天街"和理财平台"理财 e 站" |

资料来源:赛迪顾问整理,2016 年 12 月。

# 第二节　金融科技引领商业模式升级,消费金融望成为新风口

## 一、人工智能引领金融科技发展,智能投顾将开启互联网资产管理新时代

智能投顾是人工智能技术在金融理财领域的深度应用。传统投顾模式存在客户覆盖极窄、投资门槛极高、收取费用较高、投资品种信息不透明等问题。而基于人工智能、大数据分析的智能投顾模式通过使用特定算法模式管理账户,结合投资者风险偏好、财产状况与理财目标,为用户提供自动化的资产配置和投资建议,智能投顾凭借门槛低、费用低、信息透明度高等显著优势,有望开启互联网金融资产管理新时代。

## 二、区块链技术将实现深度应用,推动企业实现内外兼修的商业模式重塑

区块链技术将在很短的未来在互联网金融领域实现深度应用,区块链对于金融业的颠覆不仅仅在于其能够通过资产数字化和重构金融基础设施架构,大幅度提升金融资产交易后清、结算流程效率和降低成本,推动金融业向更

接近金融本质的信用层面发展，更能够通过颠覆企业最底层的技术和基础设施层促进商业模式的转变。未来，区块链技术在支付清算、数字货币、客户识别等应用场景最有可能成为率先爆发的领域。

### 三、大数据将成为互金重要驱动，数据资产价值替代渠道优势成竞争利器

当前，我国互联网金融商业模式的发展驱动力主要来自于用户规模的快速增长，这种依赖于渠道优势的发展模式是不可持续的。随着我国互联网金融发展理性趋缓，未来行业的发展驱动模式将从现有的渠道优势，向以互联网化数据运用、数据信用和信用风险管理为代表的数据资产价值驱动模式转变。在互联网信贷领域，企业运用大数据算法为目标用户画像，并对其行为进行预测；在互联网征信领域，企业利用大数据辅助征信风控，评估个人信用和投资风险；在精准营销领域，企业通过基于大数据的精准营销策略锁定目标客户，将用户需求与互联网金融产品匹配起来，满足用户对金融服务的个性化需求。

### 四、互联网金融与电商融合发展，消费金融有望成为互金行业发展新风口

消费金融是指企业向消费者提供消费贷款的一种现代金融服务方式，国内消费升级趋势使得消费金融在中国迎来发展新契机。消费金融实质上是互联网金融与电子商务融合发展的产物，未来消费金融主要模式将集中在购物分期和消费贷款两个领域。在购物分期方面，国内重点企业或产品有分期乐、蚂蚁花呗、京东白条等；在消费贷款方面，国内主要模式包括车贷、房贷、医疗贷、教育贷等，涉及吃、穿、住、行全生活场景。目前全国共有17家公司获得消费金融牌照，正在申报待审批的更是多达90余家，市场参与主体的不断多样化成为行业发展的催化剂，消费金融有望成为互联网金融下半场的新风口。

# 第十一章 移动互联网

## 第一节 移动互联网应用市场稳步增长，持续引领创新创业发展

### 一、人口红利时代结束，用户数量进入平稳增长时期

2012 年，移动互联网用户数超越 PC 互联网用户数，并且以高于 PC 互联网的增速持续增长，预计 2016 年我国移动互联网活跃用户数量达到 8.5 亿，

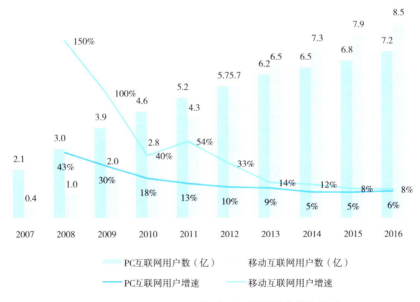

图 11－1 2007—2016 年移动互联网用户数与增速

资料来源：赛迪顾问，2016 年 12 月。

占比超过总人口的60%。总体来看，在移动互联网迈入全民时代之后，中国移动互联网用户规模不会像之前快速增长，而是进入一个平稳增长时期，人口红利时代已经结束。

## 二、泛智能终端时代到来，可穿戴设备市场快速增长

移动互联网的发展源于以智能手机为代表的智能硬件市场的快速发展，但是随着可穿戴设备和VR设备等的出现，移动互联网的接入方式更加多元化，移动互联网泛终端化趋势更加明显。预计2019年可穿戴设备市场规模将达到1003.2亿元，VR市场规模将达到610.4亿元。

**图11-2 中国可穿戴与VR市场规模与增速**

资料来源：赛迪顾问，2016年12月。

## 三、传统行业与互联网跨界频繁，移动应用创新迭出

伴着移动互联网产业链的持续分解和产业链之间的跨界融合，移动互联网细分产业领域不断扩张。目前，除了社交、视频、新闻阅读、工具、购物、音乐、游戏、地图、应用管理等移动互联网应用领域外，在教育、汽车、母婴、餐饮、出行、体育、健康、美食等领域，也出现了一批跨界融合企业。

## 四、移动流量快速增长下，移动大数据应用初现端倪

随着4G业务的发展，2015年我国新增移动通信基站127.1万个，总数达466.8万个，其中4G基站建设规模达到177.1万个，建成全球最大的4G网络。2015年，移动互联网接入流量达41.87亿G，同比增长103%。是2011年的8倍，预计2016年，移动互联网接入流量将达到85亿G。巨大的流量之下，催生了市场对于移动互联网大数据的应用需求，一批互联网企业开始围绕用户需求特征、用户行为特征、市场需求趋势等开展数据分析和加工。

图 11 – 3 中国移动互联网应用细分领域

图 11 – 4 中国移动互联网数据量

资料来源：赛迪顾问，2016年12月。

## 第二节　传统企业加快转型升级，移动互联网应用市场加速裂变

### 一、移动应用需求驱动之下，市场速度规模齐头并进

在移动互联网第一个 10 年的发展中，消费者的需求拉动是市场增长的核心动力。迈入移动互联网发展的第二个 10 年，随着产业互联网时代的到来，企业级的移动应用需求将为整个移动应用市场带来新的增长空间，继移动 OA、协同办公、移动 ERP、精准营销等应用之后，企业云服务、移动社交 CRM、移动 BI 等移动应用市场将迎来快速发展时期。根据赛迪顾问预测，未来 3 年移动互联网应用市场仍然将保持超过 60% 的市场增速，2017 年的移动互联网应用市场规模将首次突破 10000 亿元。

### 二、传统企业的转型升级中，电商化方式是重要选择

随着我国经济发展进入新常态，众多传统企业受宏观经济环境、制造过剩、经营成本上涨等原因的影响，开始出现业绩下滑，传统渠道和互联网渠道双重发力成为众多企业的选择。在探索互联网渠道的转型升级中，电商化成为企业首要的也是重要的选择。原因包括：一是互联网的出现和发展，催生了线上信息汇集和流通渠道的快速发展；二是相对产业链的研发、制造等其他环节，销售环节的线上化转型成本最低、投入最小；三是在我国网民快速增加的背景下，网民的网络使用数量和网购习惯最先被市场培养起来，我国在消费互联网领域已经实现全球范围内领先。可以预测，在未来 3—5 年，电商化仍然是企业转型升级的首要选择，企业电商化的实施，会极大带动企业在精准化营销、开放式研发、社交化制造等方面的探索和创新。

### 三、垂直应用领域持续细分，场景化裂变是首要方向

由于移动互联网自带的"随时、随地、随身"的属性，以人为中心的个

性化需求满足成为移动互联网市场快速发展的重要因素，而场景化裂变则成为企业发掘客户需求的重要方式，也是在移动互联网用户数平稳增长下移动互联网市场实现快速发展的根本原因。以汽车后服务为例，传统的汽车后服务大部分集中在 4S 店，但是随着移动互联网应用的渗透与普及，在洗车、汽车养护、汽车保险、汽车租赁、汽车共享等方面都出现了场景化细分和裂变；同样，在生活服务领域，继搬家、家政、家教等之后，在洗衣、送餐、做菜、按摩、快递收发等领域相继出现了一批的创业项目和企业，像是 e 袋洗，外卖的饿了么，做菜的爱大厨，等等，都是基于特定场景的需求裂变而出现的领域细分。

### 四、技术创新加大布局完善，大数据应用是竞争焦点

2016 年，VR/AR 和 AI 成为互联网领域首屈一指的热词，中国 VR/AR 和 AI 的升温不仅仅意味着新一轮的技术创新与产业化已经开始进入规模化商用，也意味着新一轮的市场布局和竞争已经开启。2016 年中国围绕 VR 的软硬件创新相继推出了系列新品，在资本市场，2016 年 Q1 全球 AR/VR 领域投资 17 亿美元，其中近 10 亿美元来自于中国。在 AI 领域，Google 旗下团队开发的 AlphaGo 大战李世石使得 AI 再次成为市场关注的热点。归根结底，这两种技术本质都是基于数据的深度挖掘和深度学习。未来随着大数据产业链条的逐步完善，行业的大数据应用将成为新的投资热点和竞争焦点。

### 五、市场竞争呈现螺旋上升，再中心化成就新的龙头

"去中心化"开始被频繁提及始于几年前 Web2.0 概念的兴起，主要用于定义新的内容生产模式。在 Web2.0 下，互联网的内容不再是由专业机构或人群产生，而是由全体网民共同参与和创造，也就是所谓的"去中心化"。但在一般商业规律中，规模化和品牌化是不可逆的趋势。只有规模化才能产生优势，而且随着规模化的发展，产品和企业会逐渐品牌化。品牌化本身必然是一个不断聚集目标社群，并且逐步中心化、规模化的过程。在互联网与传统产业的跨界融合中，随着产业链的分解和融合，会有新的需求、产品、服务、业态出现，其中部分还可能是颠覆性的。这种创新或者颠覆势必会对原有的

中心化的平台、服务、产品造成冲击，并随着市场的逐步扩大，形成新的品牌，这也就是"再中心化"的过程。在技术创新、商业模式创新、需求满足等作用下，势必会在用户中心、商户中心、服务中心、支付中心、数据中心等综合性平台方面出现新的龙头企业，同时在各自的平台上，形成一批围绕各自社群和粉丝的领袖型企业。

# 第十二章 通信设备

## 第一节 2016 年中国通信设备市场开始萎缩，但政策利好下光通信设备市场保持增长

### 一、电信业固定资产投资额下降，整体通信设备市场出现下滑

2016 年，随着 4G 网络覆盖和宽带网络普及逐步完善，电信业固定资产投资额出现下滑，受此影响，中国通信设备市场规模开始出现下滑。预计 2016 年全年通信设备市场销售规模将达到 2679.7 亿元，相比于 2015 年下降 13.2%，开始出现下滑的态势。

图 12-1　2012—2016 年中国通信设备市场规模及同比增长率

资料来源：赛迪顾问，2016 年 12 月。

## 二、"宽带中国"等政策环境利好，带动光通信设备市场逆势上扬

2016 年，随着光通信在"宽带中国"实施过程中的地位不断提高，4G 商用、FTTX 建设不断推进为光通信企业带来前所未有的发展机遇。2016 年，预计中国光通信设备规模为 895.0 亿元，同比增长 5.6%，占比达到 33.4%；移动通信设备市场规模为 1382.7 亿元，占比达到 51.6%；网络通信设备市场规模为 402.0 亿元，占比达到 15.0%。

**图 12 - 2　2016 年中国通信设备市场结构**

资料来源：赛迪顾问，2016 年 12 月。

# 第二节　2017 年中国通信设备呈绿色化和国产化 趋势，SDN 商业化带来新动力

## 一、网络能耗问题日益严峻，通信设备向绿色化方向演进

随着宽带互联网、数据中心（IDC）、固移融合（FMC）、IP 多媒体系统（IMS）等热点业务的推广，造成带宽需求激增，通信设备传输速度越来越快，功耗也越来越高，同时也带来了高昂的运营成本。因此，绿色化将成为今后通信设备产品发展的必然趋势，如何打造兼顾高可靠性、高可扩展性、强大的处理能力和节能减排的通信设备，已成为各设备商战略投入的新方向。

**图 12 – 3　通信设备绿色化演进趋势**

资料来源：赛迪顾问，2016 年 12 月。

## 二、信息安全愈发受到重视，推动国产设备厂商份额增长

随着"棱镜门"事件的持续发酵，国家对信息安全问题越来越重视。进一步加快通信设备的国产化进程已成为普遍共识，国产通信设备逐步替代进口通信设备是大势所趋，国家要求推进信息网络安全建设为国产通信设备厂商实现跨越式发展带来了难得的历史机遇和广阔的市场空间。

**图 12 – 4　"棱镜门"事件影响深远**

资料来源：赛迪顾问整理，2016 年 12 月。

## 三、SDN 的商用化步伐加快，新兴设备市场参与空间巨大

现有静态、刚性和封闭的网络技术架构正逐步向智能、开放的软件定义网络（SDN）架构演进。由于 SDN 具备技术上实现网络开放、经济上削减成本＋提升效率＋扩大产业规模的价值，其发展前景良好。随着 SDN 在运营商网络更多应用落地以及在企业网市场的良好前景，SDN 会迎来巨大市场空间，

其造就的新兴通信设备市场参与空间巨大。

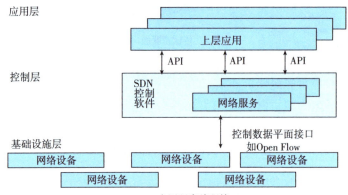

应用层

控制层

基础设施层

API：应用程序编程接口

**图 12 – 5　SDN 技术架构**

资料来源：赛迪顾问整理，2016 年 12 月。

## 四、移动通信设备增长乏力，总体设备市场规模继续萎缩

到 2017 年，虽然有"宽带中国"战略实施、"互联网＋"等政策刺激，但由于运营商的网络建设步伐尤其是 4G 建设力度下降，预计 2017 年电信业固定资产投资会继续放缓，受此影响，整个通信设备市场将呈现平稳下降的趋势，整体市场规模预计将达到 2508.2 亿元，同比下降 6.4%。

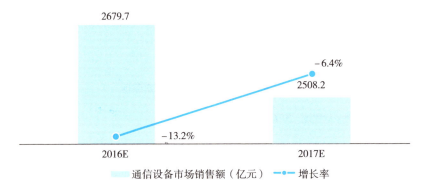

**图 12 – 6　2016—2017 年中国通信设备市场规模预测**

资料来源：赛迪顾问，2016 年 12 月。

从市场结构变化趋势来看，预计 2017 年光通信设备、网络通信设备在通信设备市场结构中将占据越来越重要的地位，并且呈稳步增长态势，其占比

分别达到38.7%和16.8%；而移动通信设备伴随市场周期的波动，在市场结构中呈现稳步下降的态势，占比下降到44.5%。

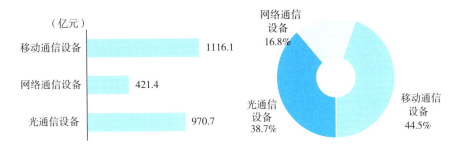

图 12 - 7  2017 年中国通信设备市场结构

资料来源：赛迪顾问，2016 年 12 月。

# 第十三章　智能硬件

## 第一节　2016 年中国智能硬件市场保持高速发展

### 一、市场规模达到千亿元级别，保持高速发展

2016 年，随着物联网、智能硬件概念的持续升温，智能硬件市场迎来高速发展期。中国智能硬件产业市场规模从 2012 年的 12.6 亿元增长到 2015 年的 430.4 亿元，年均增速达到 228.7%。预计 2016 年全年智能硬件市场销售规模将达到 1039.8 亿元，相比于 2015 年增长 141.6%，仍然保持高速增长的态势。

图 13 - 1　2012—2016 年中国智能硬件市场规模及同比增长率

资料来源：赛迪顾问，2016 年 12 月。

## 二、可穿戴设备和智能家居发展迅速，构成市场主体

目前，国内智能硬件市场主要集中于智能家居和可穿戴设备。其中，智能手环和智能路由器的销量已成规模。2016 年，智能硬件产品中，智能家居占 35.7%、个人穿戴占 20.8%、交通出行占 15.7%、医疗健康占 5.5%、其他产品占 22.3%。

**图 13 - 2　2011 年、2016 年中国智能硬件市场结构变化情况**

资料来源：赛迪顾问，2016 年 12 月。

# 第二节　2017 年中国智能硬件市场依旧稳步增长

## 一、智能硬件市场进入稳步增长期，增速开始逐步变缓

2016 年，国家发改委和工信部联合发布了《智能硬件产业创新发展专项行动（2016—2018 年）》，针对智能硬件产业提出了系列化的推进措施。在此背景下，未来几年智能硬件市场规模将保持较高的增长速度，到 2018 年国内智能硬件市场规模将超过 3000 亿元。

**图 13 – 3  2015—2018 年中国智能硬件市场规模及增长预测**

资料来源：赛迪顾问，2016 年 12 月。

## 二、可穿戴设备、智能家居投资热度不减，无人机、机器人等领域成为新亮点

从投资额度和爆发时序综合来看，未来智能家居和可穿戴设备仍是投资价值较高的领域，但投资占比会逐步降低；智能交通、飞行器、机器人等其他领域日益受到投资者青睐，投资额将逐渐增多。

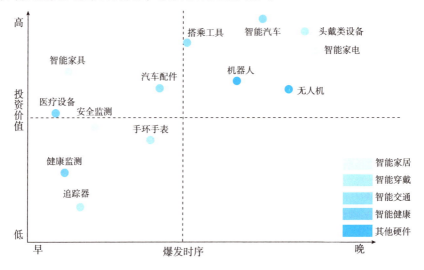

**图 13 – 4  智能硬件产品投资价值分布图**

资料来源：赛迪顾问整理，2016 年 12 月。

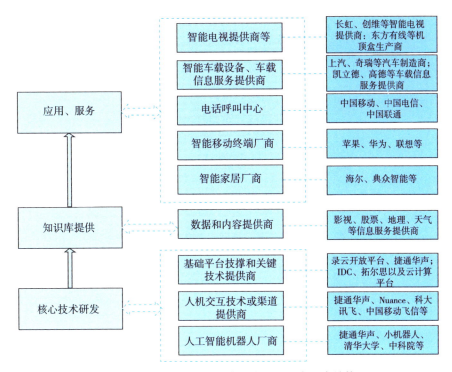

**图 13-5 语音交互技术应用方式及现有厂商结构**

资料来源：赛迪顾问整理，2016 年 12 月。

### 三、语音交互方式将成为新的入口，规模化应用指日可待

"互联网＋硬件"是智能硬件的主要表现形式，目前常见的交互入口是 APP。随着语音交互技术的逐渐成熟，以及语音交互应用给智能硬件带来的便捷性，在苹果 Siri 的带动下，包括 Android、WP 以及采用这些操作系统的平板电脑等，以及智能交通、智能家居等领域都有采用类似 Siri 的智能应用的强烈需求。

### 四、低功耗、高集成、场景化是智能硬件产品设计方向和市场诉求

随着智能硬件产品逐步进入市场，电池寿命/功耗问题、数据整合量小/数据对接率低、产品场景化应用率低等相关的问题也得以凸显。在关键技术和元器件方面的低功耗、产品层面的硬件互联互通高度集成、应用层面的产

品场景化程度高将成为智能硬件的主要市场诉求。

图13-6 近三年智能硬件领域主要市场诉求

资料来源：赛迪顾问整理，2016年12月。

# 第十四章　北　斗

北斗卫星导航系统是中国正在实施的自主发展、独立运行的全球卫星导航系统，可为用户提供高精度、全天时、全天候的定位、导航、授时和通信服务，是国家信息化基础建设的重要组成部分，是国家安全和现代国防的重大技术支撑系统，也是国家经济安全的重要保障。2016 年，中国相继发射 3 颗新一代北斗导航卫星，积极推进北斗全球系统工程建设。

## 第一节　北斗产业创新与融合应用取得新突破

### 一、北斗导航产业进入高速增长期

我国北斗卫星导航产业进入快速增长期。据赛迪顾问统计，2016 年中国北斗卫星导航产业规模达到 376.1 亿元，同比增长 33.6%。截至 2016 年 4 月，北斗导航型基带、射频芯片/模块销量突破 2400 万片，测量型高精度板卡销量近 12 万套，导航天线 400 万套，高精度天线销量超过 50 万套。

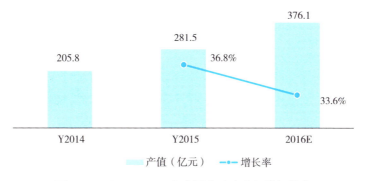

图 14-1　2014—2016 年中国北斗产业规模与增速

资料来源：赛迪顾问，2016 年 12 月。

## 二、北斗导航创新发展步入新阶段

2016 年 8 月，长沙北斗产业安全技术研究院成立，研究院将建设人才聚集平台、技术研究平台、融资孵化平台、开放服务平台、北斗综合试验基地五个基础平台，推动导航技术发展。2016 年 9 月，上海北斗导航创新研究院正式成立，旨在打造卫星导航领域的专业化、国际化智库，促进上海北斗导航产业集聚创新，推动上海北斗导航产业参与全球的竞争。创新功能型平台的成立，将在共性技术研发、科技成果转化等方面发挥较大的作用。

## 三、"互联网＋北斗"融合应用逐步深入

"互联网＋北斗"成为新业态新模式，在校园安全、民生关爱、农业林业智能化管理、智能电网、智能交通等领域都发挥了重要的作用。智能手机、北斗学生证、北斗智能手表、北斗导航终端在大众市场逐步得到推广，北斗信息化管理系统、巡护系统、车辆监控平台在行业市场也得到了一定程度的应用。

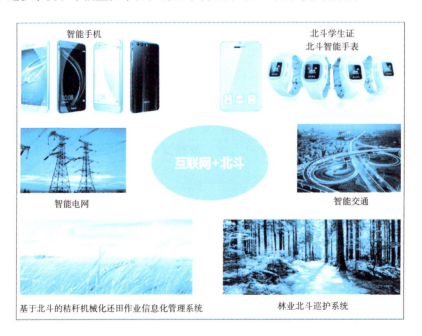

**图 14－2　"互联网＋北斗"应用**

资料来源：赛迪顾问，2016 年 12 月。

# 第二节　智能网联、高精度、服务转型趋势显著

## 一、需求：智能网联需求日益显著

以云计算、大数据、物联网为代表的新一代信息技术的发展，正在改变生产方式、社会管理、公共服务和人类生活。智慧城市建设的推进为全球卫星导航产业的发展带来了新的机遇，在智能交通领域，用户能够通过卫星导航设备实现最优路线规划、紧急呼叫服务、停放车辆远程定位服务等；在智能物流领域，基于卫星导航的解决方案能够使运营商监测商品和资产在各个交通节点和枢纽之间的传输过程；在智慧城管领域，城管部门可以通过卫星导航数据对每一个井盖、路灯、污水管进行精细管理和精准指挥调度；除此之外，智慧国土、智慧政务、智慧水务、智慧市政、智慧社区、智慧旅游等都对智能网联产生了巨大的需求。

**图 14 – 3　智能网联需求领域**

资料来源：赛迪顾问，2016 年 12 月。

## 二、技术：高精度将优化服务体验

高精度技术的突破将促进北斗卫星导航位置服务的巨大变革。目前，我国正在打造中国全国高精度地基增强系统一张网，预计在 2016 年底能够试运行，其精度可以达到分米级，建成后的精度最高可以到厘米级，这将优化用户服务体验。同时，也可以在泥石流变形监测、道路桥梁的监测、无人驾驶技术应用、驾驶员培训、驾考的培训等方面深入应用，有利于拓展北斗卫星导航应用空间。另外，多系统兼容接收技术和芯片技术的不断突破，将加快

多模联合定位进程；基于蜂窝网络的定位、蓝牙和基于 Wi‒Fi 的定位也将与 GNSS 呈现融合发展态势，使室内导航成为可能。因此，随着北斗卫星导航技术的突破以及技术间的融合发展，定位速度、精度、广度将不断提升，从而形成更大的市场空间。

### 三、产品：兼容型和服务型产品兴起

随着北斗系统的不断完善以及技术水平的日益提高，未来北斗与其他卫星导航系统产品的兼容性将逐渐增加。未来几年内，在民用领域，多模 GNSS 接收机将逐步取代单模、单码接收机，成为导航接收终端设备的主流。另外，互联网的快速发展也将带动北斗全产业链商业模式的不断创新，产品将加快向服务化转型，例如在交通运输领域将有望采取"用户免费安装终端、收取年费服务"模式；在海洋渔业领域可采取"低价终端产品＋免费应用平台＋长期运营服务"模式；民生关爱领域可采取"产品＋智能＋互联网＋服务"模式。

### 四、市场：大众市场将迎来快速增长

大众市场主要包含私家车辆应用、移动终端应用、互联网应用、个人位置服务应用、旅游休闲运动应用和游戏娱乐应用等方面，是未来北斗卫星导航产业发展的重心和依托市场，目前该市场的发展正处于标配化应用启动期。目前北斗系统正在申请国际标准，预计 2017 年初，能够向国内各行业和省区市提供高精度定位导航授时服务，实现实时导航、精密授时、事后定位等功

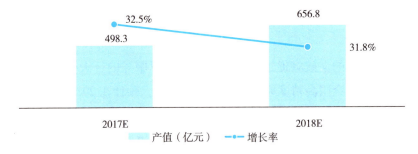

**图 14‒4　2017—2018 年中国北斗产业规模预测**

资料来源：赛迪顾问，2016 年 12 月。

能，2020 年将要建成的北斗全球卫星导航系统，加载天基增强信号能够覆盖亚太地区甚至更大的区域。

## 五、投资：数据和下游服务投资强劲

随着位置服务的逐渐普及，技术将不再是核心因素，消费者更关心服务的速度与功能体验，这将促使服务提供商进行高质量数据的采集和多元化数据渠道的开发，室内地图、三维地图、街景地图投资需求较高。随着北斗导航系统与云计算、物联网、互联网和大数据的深度融合，下游服务将有望成为主要增长点，与车联网、大众消费、智慧生活、智慧城市相关的投资将获得较大关注。

# 第十五章　集成电路

## 第一节　产业发展持续向好，资市助力"十三五"产业腾飞

### 一、产业规模持续快速增长，设计业表现突出

据中国半导体行业协会统计，2016 年 1—9 月，我国集成电路产业销售额为 2979.9 亿元，同比增长 17.3%，其中设计业销售额为 1174.7 亿元，同比增长 24.8%；制造业销售额为 707.4 亿元，同比增长 6.8%；封装测试业销售额为 1097.8 亿元，同比增长 10.5%。集成电路进口金额 1615.7 亿美元，同比下降 0.7%。出口金额 444.7 亿美元，同比下降 5.4%。

设计业方面，在华为海思以及紫光展锐、中兴微电子等龙头企业的带动下，2016 年设计企业整体增速突出。统计结果显示，2016 年十大设计企业销售总和达到 700.15 亿元，比 2015 年的 540.47 亿元增加了 159.68 亿元，增幅达到 29.54%，十大设计企业的平均增长率比行业平均增长率 23.04% 高 6.5 个百分点，"大者恒大，赢者通吃"的局面在国内集成电路设计业中逐步显现。

制造业方面，在三星西安工厂产能拉升以及中芯国际业绩大幅增长等因素作用下，国内集成电路制造业销售额有较为明显的提升。进入 2016 年，三星西安产能释放完全，中芯国际一直保持满产状态，市场新增产能有限。此外，虽然 2016 年国内有多条 12 英寸生产线开始开工建设，但量产时间基本都预计在 2017 年底或 2018 年。2016 年全年，国内集成电路制造业整体发展

放缓，同比增长预计仅为 7%。

封测业方面，长电科技、天水华天等一线企业陆续完成对过去几年中收购资产的整合工作，国内封测业龙头企业的实力进一步提升，与国际先进水平的差距不断缩小。随着中芯国际成为长电科技大股东，以及天水华天与武汉新芯达成战略合作协议，国内封测企业与制造企业的合作日趋紧密，顺应了国际半导体产业虚拟 IDM 模式的发展潮流。

## 二、大基金持续发力，地方产业发展热情高涨

2016 年，大基金持续扮演产业发展推进者的角色。这一年中大基金陆续投资了杭州士兰微、武汉新芯、安集微电子、中芯北方、硅谷数模等企业，参股了福建安芯产业投资基金、陕西集成电路产业投资基金等数个地方基金，充分发挥了其扶持优秀国内集成电路企业发展、引导社会资本投入国家集成电路产业建设的作用。

当前，全国数个大中型城市纷纷将集成电路产业作为"十三五"期间大力发展的主导产业之一，并在 2016 年陆续成立地方性集成电路产业基金，以配套当地大型集成电路产业项目落地为主，积极投入集成电路产业建设。目前，配套了产业投资基金的国内城市除传统的集成电路产业核心城市北京、上海、深圳，以及从 2015 年开始发力的合肥、武汉等城市外，2016 年又新加入了福建泉州、江苏南京、四川、陕西、辽宁、河北石家庄等众多参与者。

# 第二节　产业格局迎来变革，热点应用促带动本土企业发展

## 一、本土存储器产业布局落定，DRAM 与 Flash 同步发力

目前国内存储器产业的主要参与者有四个，分别为湖北武汉的长江存储、福建泉州的晋华存储、安徽合肥的长鑫存储以及紫光集团。其中长江存储定位 Flash 产品，晋华项目和紫光集团定位 DRAM 产品，紫光集团布局地点仍未

确定。过去两年中上述各方在资本筹集、技术授权获取、研发团队建立等诸多方面动作频频，在两年的准备期结束之后，2017 年均将要进入实质性的项目建设阶段。长江存储是目前进展最快的一方，其本身在 Flash 领域已经有较为丰富的发展经验，制造技术也比较成熟，在解决了技术授权问题后将能够快速形成产能。晋华项目目前也已经开工建设，项目运营方面由经验丰富的台湾联电负责，技术方面目前则是委托联电进行开发。合肥长鑫项目目前刚进入启动阶段，项目主导方北京兆易创新有丰富的 Flash 产业经验，项目目前在产线运营以及后续技术研发和技术授权方面进行准备。紫光集团目前是进度最为缓慢的一方，但依照其一贯发展思路，在项目条件齐备之后，项目推进将非常迅速。

虽然目前上述各方均有自身的问题需要解决，但国产存储器产业的发展已是箭在弦上，2017 年有望成为国产存储器大规模主流化发展元年。

## 二、产业第二梯队初步成型，北上深三足鼎立格局恐被打破

过去的十几年间，中国集成电路产业发展的三大集聚区域分别是以北京为核心的环渤海区域、以上海为核心的长三角区域以及以深圳为核心的珠三角区域。随着合肥、武汉、成都、西安、厦门、泉州等城市开始大力发展集成电路产业，并已经陆续招引大型项目落地，预计合肥、武汉、成都、厦门—泉州等城市或城市群将在未来几年发展成为国内集成电路产业发展的第二梯队区域。

上海、江苏和浙江组成的长江三角洲地区是国内最主要的集成电路开发和生产基地，已经形成涵盖设计、制造、封装测试以及装备材料的完整产业链。随着上海、南京、宁波等区域内城市进一步布局大型集成电路制造项目，未来该区域将继续保持国内集成电路产业第一集聚区的地位。

环渤海区域包含北京、天津、河北、辽宁和山东等省市，是国内重要的集成电路研发、设计和制造基地。区域内极为丰富的科教资源，使得环渤海地区成为国内集成电路产业人才最为集中的区域，是区域内集成电路产业尤其是设计业发展的一大优势。随着区域内北京、天津等城市进一步布局大型集成电路制造项目以及石家庄等城市加紧建设产业配套基地，环渤海区域的

产业地位有望进一步上升。

以深圳市为核心的珠三角地区是国内重要的电子整机生产基地和主要的集成电路器件市场，集成电路市场需求一直占据全国的40%以上。区域内的集成电路设计业和封装测试业蓬勃发展，以华为海思和中兴微电子为代表的设计业更是领跑全国。但该区域内制造业布局一直相对缓慢，而封测业由于成本压力、环境压力等因素持续向中西部低成本区域转移，也面临下滑的情况。若不能继续保持较为全面的产业集聚能力，珠三角区域的产业地位将面临较大挑战。

### 三、移动终端仍是第一应用，热点应用市场继续发展

虽然国内移动终端市场的增长速度有所放缓，但随着华为、OPPO、vivo、小米等国产移动终端品牌的热卖，与之配套的国内集成电路产业链企业获得了良好的市场发展。未来的两三年内，移动终端仍将是集成电路产品的第一大应用领域。

VR、无人机等新兴的热点应用领域仍处于市场发展期，尚未能够对市场发展形成有力支撑。工业控制和汽车电子将继续成为市场热点，并随着"中国制造2025"战略的实施以及新能源汽车等产品的推广而进一步发展。云计算和大数据产业的发展将持续带动数据中心建设，与服务器相关的数据处理、数据传输、数据存储等集成电路产品也将获得良好的市场成长空间。此外，随着5G建设的全面铺开，相关的通信领域的集成电路产品将迎来市场发展机遇，而且由于国内通信设备厂商在5G时代将获取更多的主导权，国内集成电路配套厂商将赢得更大的市场发展机遇。

# 第十六章  MEMS

MEMS 是一项革命性的新技术，广泛应用于高新技术产业，是一项关系到国家的科技发展、经济繁荣和国防安全的关键技术。受益于 MEMS 器件小型化的特性，MEMS 传感器已经广泛应用于消费电子类产品，并因为消费电子产品庞大的市场而呈现出高速的增长态势。如今，"物联网" 这个概念风靡全球，MEMS 传感器也迎来发展的历史机遇。

## 第一节  物联网热潮为 MEMS 市场提供强劲增长动力

### 一、应用驱动 MEMS 市场规模持续增长

中国智能手机、平板电脑、可穿戴设备等 MEMS 应用整机产品产量保持稳定增长，带动加速传感器、陀螺仪、硅麦克风等产品需求的增长。与此同

图 16 - 1  2013—2016 年中国 MEMS 市场规模及增长预测

资料来源：赛迪顾问，2016 年 12 月。

时，上述整机产品中，加速度传感器、陀螺仪、硅麦克风等的渗透率进一步提高对 MEMS 市场规模的扩大也起到重要作用。另外，中国汽车工业的增长也推动了压力传感器、微机械陀螺仪等 MEMS 主力产品市场的增长。随着国际消费市场的回升，以及市场基数的增大，中国 MEMS 市场增速将保持稳定。2016 年，中国 MEMS 市场销售额预计将达 359.2 亿元。

## 二、产业投资旺盛为国内企业带来机会

作为智能感知时代的重要硬件基础，MEMS 产业正逐步被国内外投资机构所重点关注，近几年国内外 MEMS 设计、制造等环节的投资案例也接连不断，每年产生的投资规模达到了几十亿美元。中国 MEMS 产业正处于从科研结果向产品化转变的关键时期，国内 MEMS 企业的崛起将改变中国小产业大市场的格局，撼动跨国企业绝对的市场地位，为自主创新科技的长期持续发展打下基础。

## 三、公共平台缺失致使 MEMS 初创设计企业发展艰难

由于新兴领域的 MEMS 创新应用具有一定的局限性，存在市场前景不明朗，产品量产风险大等问题。所以，小批量的中试生产现在已经成为 MEMS 产业界推出新产品的必由之路。此外，由于 MEMS 产品具有"一种产品，一种工艺"的特点，新产品的开发必须与配套工艺紧密结合，这就要求代工厂的设备和工艺具有定制化特性。MEMS 产品的另外一个特点是种类多、总量小，因此小批量的订单使得大型代工企业不愿投入过多精力进行技术的升级改造，以至于不愿接受 MEMS 初创企业的中试需求。然而，我国的 MEMS 设计环节现在尚处于起步阶段，相关企业正呈现出"小、散、弱"的局面，企业的发展也在受到技术、资金、客户等诸多因素影响，企业研发的新型产品更是被国内 MEMS 代工服务平台的缺乏所制约，导致产品的迭代周期延长，错过应用市场需求强烈的最佳时期。

# 第二节　应用市场需求推动我国 MEMS 市场高速发展

## 一、消费电子领域的普及将成为 MEMS 实现爆发式增长的突破口

现在，越来越多的 MEMS 传感器被应用到手机中来提高手机的用户体验。一款高端手机更是已经装配有加速度传感器、压力传感器、陀螺仪、硅麦克风、指纹传感器、距离传感器，环境光传感器、磁传感器等数种 MEMS 产品。在可穿戴产品中 MEMS 器件的应用也越来越广泛，如测量运动记录步数的加速度传感器、进行心率监控的心率监控传感器、测量血氧值的血氧传感器、感知海拔高度变化的气压传感器等等。可以说，惯性传感器已经成为智能手机、平板电脑和可穿戴设备的标配，并且其他各种类型的 MEMS 传感器在消费电子领域的应用正在逐步普及。目前，仍在研发的新产品也都在手机等消费电子领域试水，而在数码相机中使用 MEMS 器件加强防抖功能，在摄像机、笔记本电脑等使用硅麦克风已经成为常态，未来将有更多的 MEMS 器件进驻消费电子产品，而原来只在高端产品出现的地磁场传感器、射频器件等将扩散到中低端产品中去。在以智能手机和可穿戴设备为代表的消费电子类产品快速增长的带动下，中国 MEMS 市场规模有望进一步扩大，预计 2017 年市场规模将达到 421.4 亿元。

## 二、多传感集成技术的成熟将成为 MEMS 功能优化的关键性节点

随着人们生活应用的不断丰富，传感器感测多个物理信号的功能需求也变得越来越多，多种传感集成的 MEMS 器件也应运而生。如今，惯性传感器已经出现了三轴、六轴、九轴甚至十轴的集成模块，将 MEMS 加速度传感器、陀螺仪、磁传感器等 MEMS 器件集成在一起，以满足生产厂商更小体积、更低成本的要求，同时给予了用户更加丰富的用户体验。密闭封装集成传感器、开放腔体集成传感器和光学窗口集成传感器将是未来三大传感器集成方向，

这几大集成方向无论从生产端还是用户端都在逐渐满足越来越多新出现的需求，由此可见，多传感集成已经成为未来 MEMS 产业发展的一种必然趋势。

### 三、MEMS 创新技术孵化器将推动 MEMS 产品加速开拓新兴市场

我国 MEMS 市场虽然需求旺盛，但是 MEMS 产业还处于发展的起步阶段，国内产业规模相对较小，MEMS 企业也多属于初创类中小型企业，存在着分布比较分散、资金不足、科研能力和吸引人才的能力较弱、企业与高校及科研院所合作少等问题。而 MEMS 领域的孵化器可以有效解决这些问题，以 MEMS 中小企业为服务对象，建立一些制造和测试环节的公共服务平台，为入驻孵化企业提供一系列的服务支持，降低创业者的创业风险和创业成本，提高创业成功率，促进 MEMS 创新技术成果转化，尤其是支持 MEMS 中小企业在新应用领域的技术创新和产品开发，助力企业成长与发展，帮助形成产业的集聚效应，加速我国 MEMS 产业的发展进程。

# 第十七章  LED

## 第一节  2016 年市场延续增长，芯片价格首度上涨

### 一、应用领域不断增长，市场规模持续增长

2016 年，LED 应用领域规模不断扩大，市场规模稳步提升。在背光领域已经占据绝大部分市场之外，其他的 LED 全彩显示屏、中大尺寸 LED 背光、LED 景观照明、LED 道路照明、LED 汽车车灯等新兴应用市场蓬勃发展，成为 LED 市场稳定较快增长的主要驱动力。其中增长最快的是 LED 照明。

**图 17 – 1  2013—2016 年中国 LED 市场规模及增速**

资料来源：赛迪顾问，2016 年 12 月。

### 二、具体市场不尽相同，照明引领市场发展

在 2016 年，各应用市场呈现了不同的发展情况。LCD 背光目前基本已经饱和，市场增长率不高，但整体基数还比较大，在 2016 年预测能占据市场

13%规模；显示屏领域在小间距屏幕发展如火如荼的情况下，目前已经分别占据整个市场的20%；在照明领域，LED路灯、室内照明、景观照明是增长较快的部门，属于整个应用市场最有潜力的部分，目前已经占据市场的32%、14%和9%，可以说目前已经进入LED照明的时代。

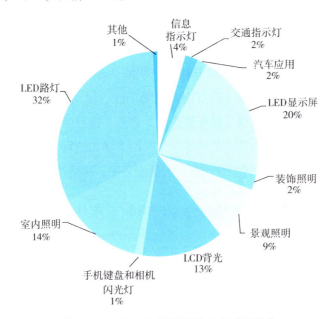

**图 17 - 2　2016 年中国 LED 市场应用结构**

资料来源：赛迪顾问，2016 年 12 月。

### 三、企业并购分拆活跃，市场竞争格局变化

从 2015 年起，LED 行业重点企业陆续宣布出售或分拆 LED 照明业务，使得行业格局发生变化，这种趋势在 2016 年变得更加明显。

9 月，三星相继出售四家海外公司股权，总获利逾 60 亿元。7 月，木林森及义乌国有资本运营中心等有限合伙人组成的中国财团以超过 4 亿欧元的价格成功赢得了朗德万斯（LEDVANCE、欧司朗光源业务）的竞标。5 月，飞利浦在首次公开发行中宣布计划出售至少 25% 的照明业务股份，并将在未来的几年里出售剩余部分。1 月，青岛海尔发布重大资产购买预案，宣布与通用电气签署了《股权与资产购买协议》。

### 四、照明应用更加细分，企业加大技术研发

面对 LED 照明产品价格下降的趋势，全球 LED 企业纷纷寻找细分领域发力。重点企业走向价值链高端，加强工业照明、汽车照明、植物照明、智能照明等细分领域的创新研发，针对不同的应用环境提供可供选择的照明方案。

随着通用照明市场竞争日益激烈，众多 LED 厂商纷纷发力植物照明等细分市场，以开辟一条新出路。随着智能照明成长渐趋成熟，环绕人的体验的智能化研究将成为主流，以人的行为、视觉功能、视觉生理心理研究为基本，开拓更具有科学含量的、以工钱本的高效、舒适、康健的智能化照明，这也是2016 年智能照明的主要趋势。在其他细分应用市场如植物照明、红外、紫外等领域也在加速产品布局，各企业正在加大研发力度，积极布局细分领域市场。

### 五、LED 芯片首度涨价，企业转进利基市场

2016，年全球 LED 市场产值成长幅度不高，但整体产业却发生剧烈变化。在小间距 LED 显示屏的需求崛起下，上游 LED 芯片供给吃紧，使得部分 LED 芯片与封装器件出现过去五年来的首度涨价。

至于下游的 LED 照明产品也出现了不小的涨价幅度，主因是原物料成本的上涨，特别是铜、铝等大宗金属原物料在 2016 年下半年出现价格上涨。然而，这波 LED 涨价风潮对厂商的实质获利帮助有限，因此多数 LED 厂商正积极思考转型策略，加速转进利基市场。

## 第二节　2017 年新产品层出不穷，行业逐步走向规范

### 一、行业军备竞赛再起，将加速淘汰二线厂商

展望 2017 年，在一连串的连锁反应下，中国上游的 LED 芯片厂商，甚至是蓝宝石基板业者也都跟进扩充产能。LED 市场的竞争压力仍未解除，中国一线 LED 厂商崛起，将会压缩其他竞争对手的生存空间，甚至二线 LED 厂商

也将会面临加速淘汰的压力。

中国 LED 厂商之间形成几股势力厮杀。再加上欧司朗的马来西亚厂也即将完工，庞大的产能将会于 2017 年陆续地释放出来，将有可能再重启一波削价竞争。原本渐趋平衡的供需缺口将再次被破坏，届时不具竞争力的厂商将会逐渐退出市场。

## 二、小间距屏仍是焦点，UVC LED 应用逐渐展开

由于 LED 降价迅速，加上消费者对于高清画质有强烈的需求，带动了许多传统 LED 显示屏厂商加速导入画面更为清晰的小间距 LED 显示屏。面对庞大的产能竞争压力，LED 业者唯有移动到更小尺寸、精密度更高的规格来避开价格竞争。

除此之外，UVC LED 的应用市场将随效率提升而逐渐展开，深紫外光谱的 UVC LED 拥有杀菌与净化的功能，因此无论是家电、水处理，还是半导体设备等各种应用场域都有强烈的需求存在。越来越多的 LED 厂商开始重视 UVC LED，并且持续投入研发资源，希望取得重大的技术突破，将有助于加速 UVC LED 的市场发展速度。

## 三、红外 LED 更趋多元，MICRO LED 可望问世

红外光 LED 是个技术相对成熟，且成本低廉的产品。随着物联网、辨识与感测的需求崛起，应用渐趋多元。在 2017 年，预计红外光激光也将逐渐受到市场重视，包括手持式装置与车联网，也开始导入红外光激光。红外光的应用能够迅速成长的关键还是在于终端系统业者的采用意愿，以及如何应用红外光组件创造出全新的附加价值。

Micro LED 是个有机会取代 OLED 面板的次世代显示技术，具有庞大想象空间。也因此吸引了许多品牌大厂纷纷大举投入研发资源。虽然 Micro LED 技术距离取代现有的 TFT LCD 以及 OLED 显示器仍相当遥远。但是部分品牌大厂已经计划推出市场定位不同于 LCD 或者是 OLED 面板的显示应用。据推测 2017 年将会见到 Micro LED 相关产品陆续问世。

## 四、行业趋向规范化，行业逐步走向品牌市场

LED 行业在 2016 年首次出现涨价的情况，但是即使没有这次原材料引起的涨价潮，价格也不会无底线持续下降。对于价格战来说，对品牌企业影响相对较小。一家知名品牌的企业，拥有一定的客户群体、品牌信誉、品质保证，价格带来的市场变动影响就没有那么大。消费者在对品牌有了较为成熟的认知之后，由被动变为主动，逐渐形成了自己的使用理念，也会有自己固定的品牌爱好。这样一来，无论价格战再如何变动，都不会流失品牌企业的"忠实粉丝"。

通过多年的沉淀、行业的变迁，人们更愿意去相信品牌产品，不仅是因为品牌代表着品质，能减少售后问题的出现，更是因为品牌具备资质、能力和服务态度，能够从头到尾地为用户解决售后问题。预计 2017 年 LED 行业正在规范化、品牌化的成长阶段，逐步走向品牌市场是其发展的必然趋势。

# 第十八章　存储器芯片

作为国内乃至全球集成电路市场份额最大的芯片产品，存储器芯片的市场波动一直影响着集成电路整体市场的发展前景。2016 年，随着国内移动终端的大规模制造、大数据技术的加速应用以及数据中心的持续建设，我国对于各类数据存储的需求不断提升，从而推动了国内存储器芯片市场稳步增长。然而，虽然国内市场空间巨大，但由于我国存储器芯片设计及制造水平与国外巨头企业之间存在较大差距，产业发展相对落后，相关存储器芯片产品也基本依赖于进口，市场自主可控能力仍然较低。但随着近几年在《国家集成电路产业发展推进纲要》和国家集成电路产业投资基金的大力推动，武汉长江存储、泉州晋华、合肥长鑫等存储器芯片企业纷纷通过国际合作、技术创新、人才引进等方式，提升存储器芯片技术水平，加速先进生产线建设，推动了国内存储器芯片市场的自主可控发展进程。

## 第一节　供需结构调整，促存储器芯片市场保持平稳增长态势

### 一、存储器芯片市场规模回归平稳增势

中国作为全球重要的电子产品制造基地，受到全球计算机产品需求明显降低、手机需求趋于饱和的冲击，一定程度上影响了国内电子整机产品制造规模的提升。虽然这些因素导致了计算机等传统领域的存储器芯片市场增速有所放缓，无法实现 2014 年的高速增长水平，但在国内大数据技术应用、各类数据中心持续建设以及全球存储器芯片价格提升的带动下，我国存储器芯

片整体市场规模仍然保持平稳增势。预计在 2016 年，中国存储器芯片市场规模将达到 2879.1 亿元，整体市场增长速度保持平稳，增速维持在 9% 左右。

**图 18 - 1　2014—2016 年中国存储器芯片市场规模及增速**

资料来源：赛迪顾问，2016 年 12 月。

## 二、存储器芯片价格年中实现全面反转

全球存储器芯片市场在 2016 年初期并不被业界所看好，芯片产品销售量及价格在第一季度也呈现出明显走低的趋势。然而，随着存储器芯片企业不断调整产能结构，降低部分产品出货量，使得全球存储器芯片市场的供需关系也发生了改变，市场开始逐步回暖。特别是进入到下半年以后，无论是 DRAM 内存芯片产品，还是 NAND Flash 闪存芯片产品，全球供货紧缺程度与日俱增，在一定程度上抬高了存储器芯片产品的销售价格。然而，由于存储器芯片的标准化程度较高，芯片制造也主要集中在三星、SK 海力士、美光、东芝等芯片巨头企业中，再加上国内的存储器芯片产品主要依赖于进口，所

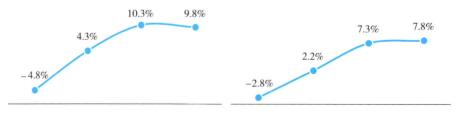

**图 18 - 2　2016 年中国 DRAM 及 NAND Flash 存储器芯片价格增速**

资料来源：赛迪顾问，2016 年 12 月。

以国内存储器芯片的整体价格基本与全球保持一致，在 2016 年实现了整体价格的较大增幅。

### 三、存储器芯片应用结构得到进一步优化

随着市场需求的不断变化，2016 年全球各大存储器芯片巨头也在根据市场应用状况，持续对产品结构进行调整。而由于受到计算机市场萎靡不振、服务器市场应用不断开拓等诸多因素影响，无论是 DRAM，还是 NAND Flash 存储器芯片产品的市场应用结构都得到了进一步优化。其中，我国移动型存储器芯片产品的市场份额进一步提升，市场占比保持在 50% 左右；服务器型存储器芯片产品受益于应用市场的不断开拓，市场规模增速最快，市场份额也将进一步提升；而以计算机应用为代表的标准型存储器芯片产品，由于下游市场需求的降低，整体市场占比也将持续下降。

## 第二节　市场加速开拓，将持续激发
## 存储器芯片市场发展潜能

### 一、智能终端将推动移动型存储芯片全面普及

随着移动智能终端硬件技术的发展和应用领域的扩大，移动智能终端涌现出了多种新的产品形态，并持续应用于智能家居、智能交通、智能医疗等多个领域中，而这也都在不断推动着移动终端设备市场规模的不断提升。与此同时，受到移动智能终端等产品带动，移动型存储芯片已成为我国存储芯片应用市场的主流产品，市场占有率持续扩大。特别是随着存储器芯片技术的持续演进，以及各类智能终端设备更新换代速度的不断加快，具有数据数率高、低电压工作、节能低频等特性的 LPDDR4 内存芯片，以及速度、容量不断提升的高性能嵌入式闪存芯片产品将逐步向中端机型普及，这都将推动移动型存储器芯片产品得到更为广泛的应用。

## 二、物联网将持续开拓中低端存储器芯片市场

随着近几年物联网产业发展热潮的再次兴起，以及多项相关国家战略的陆续出台实施，不断加速传统产业的数字化、网络化、智能化进程。然而，这在进一步推动移动互联网产业的快速发展的同时，更提升了不同领域对于数据存储、数据分析等方面的配套需求。而在物联网领域中，由于存在"万物互联"的产业特性，需要更多的移动终端设备来感应外部信息，并转化为有效数据进行存储，最终连接网络以分享资料。这些数以万计的移动终端设备在不断扩大存储器芯片产品市场空间的同时，也对存储器芯片产品提出了更多的要求。需要有成本更低、体积更小、功耗更低的大量中低端存储器芯片产品来支撑如此大规模的物联网产业体系，这就在一定程度上推动了中低端存储器芯片技术及产品的更新换代速度，也将为其带来前所未有的市场机遇。

## 三、大数据技术加速推进存储器芯片市场应用

受益于我国信息化水平的不断提升以及互联网行业的快速发展，大数据等新兴技术已经逐步开始向各个领域进行加速渗透。同时，由于政府层面的高度重视，带动着各地兴建大数据产业浪潮的此起彼伏。而作为大数据技术加速普及应用的催化剂，数据中心业务在近几年实现了较快发展。2015 年全球数据中心系统支出达到 1397.8 亿美元，美国、新加坡等发达国家的数据中心投资占 GDP 的比重已达到 0.76%；中国等新兴市场国家近几年发展势头良好，结构调整取得积极进展，已成为数据中心产业转移的重心。未来，随着我国制造业的数字化转型提速以及大数据技术的应用普及，数据中心的规模建设将成为我国大力推进信息化发展的重点方向，这也将为存储器芯片等基础硬件开拓出广阔的市场空间。

## 四、产业发展加速实现存储芯片市场自主可控

面对每年巨大的存储器芯片消耗量，以及本土存储器芯片企业在技术研发、制造水平等方面所存在的不足，我国发展存储器芯片的必要性和紧迫性

已经十分突出，而综观最近两年中国集成电路产业的发展，中国政府正在不断通过战略调整来规划集成电路的产业升级与未来发展。其中，针对于 DRAM 及 NAND Flash 等存储器芯片产品的技术提升和产线建设已经成为我国集成电路产业发展的重中之重。现已通过国际合作、联合投资等方式规划建设了多条 12 英寸存储器芯片先进生产线，其中包括武汉长江存储、泉州晋华、合肥长鑫等多家重点企业。此外，兆易创新、珠海欧比特等国内存储器芯片设计企业也都在加快提升自身技术研发实力。在国家政策及资金的大力扶持下，随着本土存储器芯片企业的逐步崛起，将在推动国内产业发展的同时，加快实现对国内计算机、移动智能终端、服务器等下游电子整机制造业的配套能力，从而推进我国存储器芯片的自主可控进程。

# 第十九章　手机芯片

2016年，中国手机芯片市场继续保持稳定增长。全年销量为406.4亿块，同比增长13.8%；销售额达到2825.1亿元，同比增长13.4%。未来几年，随着全球手机市场的进一步饱和，中国手机芯片市场增速将逐步放缓。指纹识别及触控芯片、图像传感器等产品类别将成为市场增长的主要动力。

## 第一节　2016年中国手机芯片市场 继续保持平稳增长

### 一、手机产业持续平稳增长，芯片市场维持高景气度

2016年1—10月，我国共生产手机17亿部，同比增长19.9%，其中智能手机12亿部，同比增长13.8%，占全部手机产量比重进一步提升，达到

图19-1　2012—2016年中国手机芯片市场规模及增速

资料来源：赛迪顾问，2016年12月。

70.8%。在手机整体产量保持平稳增长的背景下，与手机产业休戚相关的手机芯片市场也持续维持在高景气度。2016 年，我国手机芯片市场的销量为406.4 亿块，同比增长 13.8%；销售额达到 2825.1 亿元，同比增长 13.4%。

## 二、模拟芯片销量居首，手机专用芯片销售额超过三成

产品结构方面，由于模拟芯片（Analog Device）涵盖的种类较多，包括数模转换、射频收发、功率放大、信号滤波、电源管理及接口芯片等；因此该类芯片销量最大；手机专用标准产品（Application Specific Standard Parts，ASSP）包括基带、音视频解码、图像处理、无线连接、GPS 导航、传感器等专用芯片，销量紧随其后。销售额方面，应用处理器（Application Processor）和存储芯片（Memory）由于单价较高，销售额均位列前茅。

2016 年，在我国手机芯片市场产品结构中，从销量来看，Analog Device 达到191.4 亿块，占比达到 47.1%，同比下滑 1.9 个百分点；从销售额看，手机 ASSP产品达到 873.0 亿元，占据了 30.9% 的市场份额，同比增加 0.5 个百分点。

表 19 - 1　2016 年中国手机芯片市场产品结构

| 产品结构 | 销量（亿块） | 所占比重 | 销售额（亿元） | 所占比重 |
|---|---|---|---|---|
| Analog Device | 191.4 | 47.1% | 491.6 | 17.4% |
| ASSP | 133.3 | 32.8% | 873.0 | 30.9% |
| Application Processor | 15.0 | 3.7% | 644.1 | 22.8% |
| Logic device | 19.5 | 4.8% | 138.4 | 4.9% |
| Memory | 47.1 | 11.6% | 678.0 | 24.0% |
| Total | 406.4 | 100.0% | 2825.1 | 100.0% |

资料来源：赛迪顾问，2016 年 12 月。

## 三、各大企业均面对业绩压力，本土厂商重塑竞争格局

全球范围内智能手机市场的逐渐饱和使得各大手机芯片厂商在 2016 年均遭遇了不同程度的业绩衰退。高通公司 2016 年的营业收入下滑了 7%，显示驱动芯片领先供应商 Synaptics 公司的营业收入下滑了 33%。手机芯片行业瞬息万变的态势以及残酷的价格战已经令一批知名的芯片公司退出市场，还在战局中的企业日子也并不好过。未来，以 Intel 为首的迟迟未能在手机芯片领

域有所建树的芯片巨头将面临更为严峻的形势。

相比之下，以中国本土的海思、展讯以及汇顶科技为代表的芯片企业则日益壮大。展讯在并入紫光集团后，拥有了雄厚的资金支持，从而得以在全球范围内招募优秀的研发人员，其产品也在巩固中低端市场的同时开始迈向高端市场；海思则凭借多年来在通信领域的积累继续向领先者的地位发起冲击。此外，汇顶科技、格科微电子等企业也均在各自的领域有着不俗的表现。

## 第二节　2017年指纹及触控芯片、传感器芯片将成为市场主要增长极

### 一、在5G全面商用之前，手机芯片市场增速将逐步放缓

未来三年，虽然VOLTE、载波聚合等"4G＋"技术的普及将带来一定的手机替换需求，印度、拉美等新兴市场也将维持一定的增长动能，但是一方面5G商用计划尚未提上日程，手机产品短时间内难有突破式创新；另一方面，随着全球手机产业趋于成熟，中国手机芯片市场的增长率也将逐年下降。

预计2017年中国手机芯片销量将达到449.5亿块，同比增长10.6%；市场规模3141.5亿元，同比增长11.2%；到2019年，中国手机芯片市场销量和销售额将分别达到534.0亿块和3804.6亿元。

图19-2　2017—2019年手机芯片市场规模及增长预测

资料来源：赛迪顾问，2016年12月。

## 二、指纹识别技术全面普及，触控类芯片市场持续看好

2015 年以来，指纹识别芯片可谓迎来了全面爆发，各大触控芯片及指纹识别芯片厂商均实现了历史性的营收突破。2016 年，这一趋势仍在延续。以瑞典指纹识别芯片供应商 FPC 公司为例，在取得了 2015 年营收增长近 10 倍的成绩后，FPC 公司在 2016 年 Q1 营收达到 1.7 亿美元，同比暴涨 965.9%；Q2 营收为 1.9 亿美元，同比增长 274%。

本土触控芯片领军企业汇顶科技在 2016 年同样成绩喜人。截至 2016 年 9 月，汇顶科技实现营业收入 21.2 亿元，同比增长 189.67%。未来，随着相关技术及解决方案的日益成熟，指纹识别功能将逐渐向中低端智能手机渗透，因此该领域产品将持续保持稳定的增长势头。

## 三、大容量存储器芯片持续渗透，图像传感器贡献增长

2016 年，各类大容量嵌入式闪存产品在中国市场销售的价格持续走低，这也使手机厂商能够更快地将大容量、低成本的闪存芯片配置在中低端智能手机产品中。从消费者的角度来看，一方面，性能不断提升的手机操作系统及日益丰富的应用软件都极大地依赖于手机嵌入式闪存的容量；另一方面，随着手机拍摄正逐步取代传统的相机拍摄方式成为消费者主要的影像获取手段，4K 高清影像拍摄、手机高速连拍以及高质量照片拍摄等专业影像功能也在逐渐向移动端渗透，而这些功能都需要手机具备足够的存储空间，因此在未来几年的手机芯片市场上，128GB 及以上的存储器芯片将逐渐成为市场主流。

CMOS 图像传感器方面，随着手机中二级前置摄像头的全面普及，绝大多数中高端智能手机都配置了双摄像头。预计未来几年，随着智能手机拍摄性能的提升，具有更高分辨率的二级前置摄像头将成为产品迭代的必然趋势，而这也将直接拉动 CMOS 图像传感器产品在销量和销售额上的持续提升。Sony、三星、中国本土厂商格科微、思比科以及刚刚收购豪威科技（OmniVision）的北京君正都有望因此而受益。

# 第二十章　功率器件

## 第一节　通信、汽车驱动市场增长，
## 　　　国有品牌竞争力提升

### 一、市场规模继续扩大，增速较 2015 年有所回升

2016 年，中国电子信息制造业生产总体平稳，增速有所加快，受此影响，中国功率器件市场规模持续扩大，市场规模预计达到 1496.1 亿元，同比增长 7.2%，增速较 2015 年有所回升。

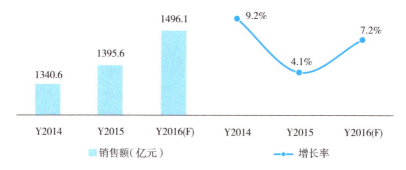

图 20 - 1　2014—2016 年中国功率器件市场规模与增长情况

资料来源：赛迪顾问，2016 年 12 月。

### 二、通信、汽车成为 2016 年市场增长亮点

从下游应用产品的需求来看，通信和汽车领域是推动功率器件市场增长的主要驱动力。

从通信主要产品产量来看，1—10 月，我国生产手机 17 亿部，同比增长 19.9%，其中智能手机 12 亿部，增长 13.8%。生产移动通信基站设备 28884 万信道，同比增长 21.5%。

从汽车产量来看，1—10 月，我国汽车产量达到 2201.6 万辆，比上年同期增长 13.8%，其中功率器件应用更大的新能源汽车产量达到 35.5 万辆，比上年同期增长了 77.9%。

从消费电子角度来看，尽管家用视听行业生产增速回升，1—10 月，我国生产彩色电视机 13985 万台，同比增长 8.6%，但白家电依然增长疲软，且 2016 年平衡车产量较 2015 年有较大幅度的下降。对相关功率器件带动作用有限。

从计算机应用来看，我国计算机产量继续下降。1—10 月，生产微型计算机设备 23162 万台，下降 11%，其中笔记本电脑 13286 万台，下降 9.3%；平板电脑 6602 万台，下降 3%。

因此，通信和汽车成为 2016 年市场增长的主要推动力。

## 三、并购切入主流市场，国有品牌竞争力进一步强化

继 2015 年收购恩智浦公司 RF Power 部门后，2016 年建广资产又以 27.5 亿美元收购了恩智浦公司标准产品部门，该部门主要产品之一是功率器件 MOSFET 产品线。与此同时，以中车株洲电力机车研究所有限公司 IGBT 为代表的自主高端功率器件产品已成功进入电力传输、工业自动化和铁路运输特别是高速铁路等重点应用领域。

通过收购国际一流技术公司，国有品牌已成功切入主流功率器件市场领域，在消费电子、网络通信、汽车电子、工业控制等领域竞争力进一步得到强化。

# 第二节  2017 年市场增速放缓，化合物半导体功率器件或迎爆发

## 一、下游驱动力有所放缓，市场增速周期性回调

2017 年，预计以手机和移动通信基站为代表的通信类整机产品产量将有所回调，相关功率器件产品市场规模增速将有所放缓；尽管新能源汽车仍将以较快速度增长，但内燃机汽车仍是市场主流，汽车总产量较 2016 年将有所放缓；工业控制类产品将随固定资产投资保持稳定增长，未见有新兴增长的动力；消费电子领域，可穿戴设备等产品尚未形成爆发式增长态势；计算机产品预计仍将持续快速下滑；整体来看，2016 年的功率器件的主要增长动力将有所放缓且未形成新的增长动力，整体市场规模仍将保持增长，但增长速度将周期性回调。

## 二、GaN、SiC 等化合物半导体功率器件或迎来市场爆发

GaN、SiC 由于其在禁带宽度、临界击穿电场、饱和漂移速度和热导率等优良特性正在成为市场热点。特别是在新能源汽车、不间断电源（UPS）及功率矫正领域，其应用将更加广泛。一方面，全球大型功率器件公司正不断加大对化合物功率器件的研发与产品投入，2016 年，Infineon 收购 Wolfspeed 公司，松下以及 Transphorm 与古河电工签署了相关技术许可协议。富士通等几家公司开始转向批量生产阶段。另一方面，国内厂商也在积极布局，中电 55 所、建广资产等都在积极进行布局。

预计 2017 年，化合物半导体功率器件进入一定规模量产阶段，市场价格有望快速下降，推动整体需求量爆发式增长。尽管总体量仍然较小，但化合物半导体功率器件有望成为 2017 年功率器件市场领域的一个新亮点。

# 第二十一章　平板显示

## 第一节　产业增速放缓，OLED 成为产业亮点

### 一、产业增速放缓，结构性产能过剩隐忧初显

2016 年，在全球市场需求不旺的背景下，伴随着平板显示器件下滑周期的到来，2016 年我国平板显示器件产业增速从 2015 年的 17% 进一步放缓到 13%。同时，随着各地近两年集中投资的生产线产能不断释放以及以 OLED、LTPS、Oxide 技术为代表的高清、大尺寸面板需求更替，产业投资与市场需求相对错后，产业结构性产能过剩隐忧初步显现。

**图 21 – 1　2013—2016 年中国平板显示器件产业规模及增速**

资料来源：赛迪顾问，2016 年 12 月。

### 二、OLED 成为产业投资热点，投资额逾 1600 亿元

近年来，在龙头企业和地方政府推动下，国内 OLED 产线布局加快，不

仅吸引平板显示业内企业加快项目投资，也吸引了非业内企业涉足 OLED 领域，截至 2016 年 11 月，中国共有 12 条 OLED 生产线建成或在建（或即将开建），2016 年投资的 5 条 AMOLED6 代线投资额超过 1600 亿元。

以京东方、和辉光电、天马微电子为代表的平板显示企业以及以黑牛食品为代表的跨界资本密集投资 OLED 生产线。

2016 年 2 月，京东方在成都增加二期投资 245 亿元，生产 AMOLED 柔性面板，两期共计投资 465 亿元，共计产能达到 48k/月。2016 年 10 月 28 日，京东方绵阳第 6 代 AMOLED（柔性）显示产品生产线项目正式签约，项目投资额达 465 亿元，设计产能为 48k/月。项目于 2016 年 12 月开工建设，2019 年正式投产。项目投产后，四川将成为全国最大的 AMOLED 生产基地。

2016 年 9 月 20 日，和辉光电二期项目签约，建设第 6 代低温多晶硅（LTPS）AMOLED 显示项目，总投资 272.78 亿元，产能可达 30k/月。该项目计划 2016 年 12 月开工建设，2018 年底产品成功点亮。2016 年 5 月 14 日，天马微电子发布公告，将武汉第 6 代低温多晶硅（LTPS）TFT－LCD 及彩色滤光片（CF）生产线项目优化为武汉天马第 6 代 LTPS AMOLED 生产线项目，形成显示面板 30k/月的产能，项目总投资 120 亿元。2016 年 10 月 21 日，黑牛食品宣布全资子公司固安云谷第 6 代 AMOLED 项目在河北固安启动，产能为 30k/月，计划投资 300 亿元，维信诺为该项目提供技术支持。

此外，国显光电、华星光电、信利光电、柔宇科技、富士康、曼格科技均传出消息进一步投资 AMOLED 产线建设。

表 21－1　中国已建成及正在建设 OLED 产线

| 序号 | 面板厂商 | 产线代数 | 区域分布 | 设计产能 | 状态 | 总投资（亿元） |
|---|---|---|---|---|---|---|
| 1 | 京东方 | 5.5 | 鄂尔多斯（B6） | 54k/月 | 投产（2014Q2） | 220 |
| 2 | 京东方 | 6 | 成都（B7） | 48k/月 | 在建（预计2017Q2投产） | 465 |
| 3 | 京东方 | 6 | 绵阳（B11） | 48k/月 | 签约（预计2019年投产） | 465 |
| 4 | 和辉光电 | 4.5 | 上海 | 21k/月 | 投产（2014Q4） | — |
| 5 | 和辉光电 | 6 | 上海 | 30k/月 | 签约（预计2018年投产） | 272.78 |
| 6 | 天马微电子 | 4.5 | 上海 | 2k/月 | 投产（托管） | 4.916 |
| 7 | 天马微电子 | 5.5 | 上海 | 4k/月 | 投产（2015Q4） | 100 |
| 8 | 天马微电子 | 6 | 武汉 | 30k/月 | 在建（预计2017H2投产） | 120 |
| 9 | 维信诺 | 5.5 | 昆山 | 4k/月 | 投产（2015Q2） | — |

| 序号 | 面板厂商 | 产线代数 | 区域分布 | 设计产能 | 状态 | 总投资（亿元） |
|---|---|---|---|---|---|---|
| 10 | 黑牛食品（华夏幸福） | 6 | 固安 | 30k/月 | 在建（预计2018年投产） | 300 |
| 11 | 信利光电 | 4.5 | 惠州 | 30k/月 | 投产（2016Q4） | 63 |
| 12 | 华星光电 | 6 | 武汉（T4） | 45k/月 | 待定 | 350 |

资料来源：赛迪顾问，2016年12月。

### 三、技术水平进一步提高，配套体系不断完善

2016年，我国平板显示器件主要企业技术水平显著提高，TFT－LCD产品已达到国际领先水平，OLED正全速追赶国际巨头。全球领先的10K、8K等超高清产品相继推出，全球最大尺寸65英寸4K OGS超高清触控显示屏，最小弯曲半径仅10mm、集柔性和透明显示于一身的9.55英寸柔性透明AMOLED显示屏，弯曲半径达10mm时依然可以正常使用的4.8英寸柔性AMOLED可穿戴臂环，手机屏产品中全球像素密度最高达941PPI的4.7英寸4K超高清LTPS显示屏，像素密度高达806PPI的5.5英寸4K超高清LTPS显示屏等产品推出。同时，在面板产线的带动下，相关关键材料领域也取得了显著的突破，特别是基板玻璃、偏光片、掩膜版、液晶材料、发光材料等领域，本地企业配套率不断提升。

## 第二节　技术升级换代推动产业发展，
## 配套体系不断完善

### 一、平板显示技术升级换代推动产业发展

随着近年来OLED技术的不断成熟，平板显示器件产业正面临由TFT－LCD向OLED升级换代的关键时期，一方面，平板显示企业纷纷加码投资OLED器件，缩减TFT－LCD产能，2016年，全球OLED显示器件领域投资超

过 400 亿美元，三星、LG、夏普纷纷缩减 TFT－LCD 产能，增加 OLED 投资。另一方面，OLED 以其材料选择范围广、发光亮度和效率高、全彩色显示、视角宽、响应速度快、驱动电压低、制作过程相对简单、可柔性显示、可透明显示等优点，越来越多地被下游应用厂商及消费者所接受，特别是在智能手机领域，OLED 屏幕渗透率从 2013 年的 16%，增长到 2016 年的 23.4%，带动了上游产业的发展。

随着国内近年投资建设的高世代 TFT－LCD 项目以及 AMOLED 项目规模投产，2017 年以后中国平板显示器件产业规模增速将呈逐年上升态势，预计全年产业规模将达到 2103.2 亿元。

图 21－2　2016—2019 年中国平板显示器件产业规模与增速

资料来源：赛迪顾问，2016 年 12 月。

## 二、柔性显示将引领平板显示器件产业发展

在显示技术升级换代的背景下，OLED 以其响应速度快、驱动电压低、制作过程相对简单、可柔性显示等优点，已成为行业内外共识的下一代显示技术。而其中柔性显示的特点是其与 TFT－LCD 的最显著区别，在产业链上下游各厂商的大力推动下，柔性显示必是平板显示近年的发展方向。在 2016 年全球各大展会上，国内外平板显示巨头企业大多展示了柔性显示屏产品，下游应用厂商也曝光出多款应用柔性屏的产品，预计最早在 2017 年将有采用柔性屏的量产产品面世。柔性显示技术的出现将带动相关基板材料、发光材料、封装材料、靶材等关键材料的发展，将引领平板显示器件产业的发展。

### 三、高分辨率低功耗的高端产品将更受青睐

未来在技术进步、成本降低、需求升级等因素的推动下，高分辨率、低功耗等高端产品将更受青睐。从器件的技术发展来看，TFT－LCD 已经由单一的 a－Si 面板产品扩展到 LTPS 面板和氧化物面板，同时包括 IPS 技术和铜制程技术也逐渐导入到面板的制造过程中。另外，HD、QHD、4K、4K×2K、8K 甚至 10K 等各种高清晰度的面板在市场上也不断推出，移动终端应用产品屏幕分辨率已超过 400ppi 且继续向更高分辨率迈进，特别是 VR 设备的推出将对分辨率的要求进一步提升。同时，随着可穿戴设备的日益普及，低功耗成为显示器件另一个必不可少的要求，AMOLED、LTPS 屏幕将更有竞争力。

# 第二十二章　医疗电子

## 第一节　2016 年中国引领全球医疗电子市场增长，应用领域不断扩展

### 一、主要国家持续投入，全球规模持续增长

2016 年，全球医疗电子市场同比增长 4.1%，销售额达 2431.96 亿美元。随着新兴经济体的医疗需求提高和发达经济体对医疗领域的持续投入，全球整体医疗电子市场持续增长。其中，发展中国家的市场增速明显高于发达国家增速。

### 二、人口老龄拉动明显，中国增速领先全球

随着我国老龄化程度的加重和分级诊疗制度的逐步推广，基层医疗改革

图 22 - 1　2012—2016 年中国医疗电子市场规模及增速

资料来源：赛迪顾问，2016 年 12 月。

带动我国基层医疗电子市场高歌猛进。特别是在便携式医疗电子领域，老年人增多极大地推动了便携式医疗电子产品的市场发展。

我国医疗电子市场在经历了 2015 年 23.7% 的高速增长后，2016 年仍保持高速增长，同比增长率达到 26.9%，远高于全球医疗电子市场增速。

### 三、低端设备大量出口，贸易顺差态势依旧

2016 年，我国医疗电子产品进出口额预计达 163.8 亿美元，增长 6.11%。其中，出口额 89.7 亿美元，增长 3.15%；进口额 74.1 亿美元，增长 10.01%。进出口增速较 2015 年均出现较大幅度下滑，进出口贸易顺差态势明显。造成此态势的原因一方面是我国医疗电子市场国产产品市场份额在逐步扩大，另一方面，我国仍向发展中国家出口大量中低端医疗电子设备。

### 四、国产设备表现强势，精准医疗引人注目

近些年来，高端医学影像产品 75% 以上市场被 GE、西门子、飞利浦三家企业（GPS）占据。2016 年，以联影医疗、东软医疗等厂商为代表的国产高端医疗设备厂商持续发力，纷纷推出多款高端 CT 机、MRI 设备等高端影像设备，为打破 GPS 的垄断局面起到显著作用。随着精准医疗应用的逐步推广，2016 年，CFDA 等机构批准了包括贝瑞和康、华大基因、博奥生物等多家高通量测序在 NPIT、PDG 等生育健康领域的试点单位，使精准医疗的发展正式进入规范化道路。2016 年成为我国精准医疗市场发展中具有标志性地位的一年。

## 第二节　2017 年行业发展全面深入，市场规模平稳增长

### 一、应用需求持续带动，市场发展依旧看好

随着我国人口老龄化趋势的进一步加强以及新医改的推动，新产品、新应用、新模式层出不穷，未来三年，中国医疗电子将延续 2016 年的快速增

长，市场规模进一步扩大。

**图22－2　2017—2019年中国医疗电子市场预测**

资料来源：赛迪顾问，2016年12月。

2017年，中国医疗电子市场规模将达到2630.44亿元，同比增长29.1%，2017—2019年持续高速增长，2019年将达到4155.28亿元。

## 二、竞争不断加剧，战场蔓延基层市场

西门子、GE、飞利浦等医疗电子巨头纷纷推出中低端医疗电子设备，2016年，GPS在巩固高端技术优势的同时，开始向低端和基层延伸。这一方面是由于我国高端医疗电子设备研发制造水平越来越高，与国外品牌的竞争加剧，严重挤压原本就饱和的高端医疗电子市场；另一方面，医疗技术的发展使医疗电子设备的主要功能从诊断治疗转向保健，逐渐向基层普及，高端医疗电子设备也需要在低端市场和基层开拓市场。2017年，在国际巨头企业的冲击下，由国产医疗电子设备把控的中低端医疗电子设备市场将可能陷入白热化竞争。

## 三、政策支持力度加大，国产份额持续增高

自2015年国家卫生计生委启动第一批优秀国产医疗设备产品遴选后，2017年后续遴选工作将继续开展。同时，越来越多三甲医院开始采用国产医疗设备，部分医院将会尝试将采购国产设备列入考核指标。随着医疗设备国产化进程快速推进，国内医疗电子企业迎来发展良机，将获得更多政策和财政支持，产品和技术水平有望在2017年基础上实现突进，进入与国外医疗电子企业全面抗衡的新阶段。

### 四、移动医疗发展迅速，新兴产品市场明朗

2016 年，移动医疗企业获得了巨大的融资金额，同时互联网企业积极介入移动医疗领域，开始催生医疗模式的大变革。2017 年，移动医疗企业将进入调整时期，利用充裕的资金创新商业模式，找到成熟的盈利模式，促使传统医疗继续变革。移动医疗领域的火热将推动传统医疗电子企业向移动医疗领域转型，移动医疗系统性平台、智能终端硬件、软件应用等新兴医疗电子产品将打开广阔市场。

# 第二十三章 汽车电子

## 第一节 2016 年中国汽车电子市场稳中有升，回暖之象悄然成型

\

### 一、汽车电子市场规模稳步增长达到 4850 亿元大关，增速回暖

2016 年前三季度，中国汽车生产量达到 1934.87 万辆，较 2015 年同期增长 13.2%，工业经济效益综合指数和产出指标高于 2015 年。2015 年，中国整车生产规模占全球的比例为 27.9%，较 2014 年的 26.4% 和 2013 年的 25.3% 逐年上升，已经接近美日两国的总和。中国汽车整车市场的增速平缓，而中国汽车产量占全球份额逐年上升，说明中国汽车制造水平和零部件产品配套能力稳步提升。汽车电子产品随着汽车安全性、舒适性、智能化的趋势进一步扩大应用的深度和广度。一些中高端车型配置的电子产品正在逐步向中低端车型普及，新能源汽车、无人驾驶汽车、车联网技术应用规模迅速扩大。汽车电子在整车成本中占比持续提升，现在已达 28% 左右，未来将继续提高，预计到 2020 年将提升至 50%。

受全球汽车产业转移趋势持续，中国汽车制造水平和零部件产品配套能力持续提升，随着汽车安全、环保、节能的趋势进一步扩大应用的深度和广度，以及全球汽车产业转移趋势持续，中国本土整车产能持续提升、汽车电子成本占比升高、跨国企业的本地化研发和充沛的优秀人力资源等因素影响，2015 年中国汽车电子市场保持较快速度增长。2015 年全年汽车电子市场规模

达到 4216 亿元，较 2014 年增长 12.7%。2016 年，中国汽车电子在新能源汽车、智能网联等技术应用的带动下，预计将实现 15% 的增长，整体市场规模达到 4850 亿元。

**图 23 – 1    2013—2016 年中国汽车电子市场规模及增速**

资料来源：赛迪顾问，2016 年 12 月。

## 二、后装市场不断推动车载电子产品成长，娱乐内容载体的更换更是推动产品的升级

中国汽车电子产品应用领域按功能属性分别包括四个类别：动力控制产品、底盘控制与安全产品、车身电子产品和车载电子产品。

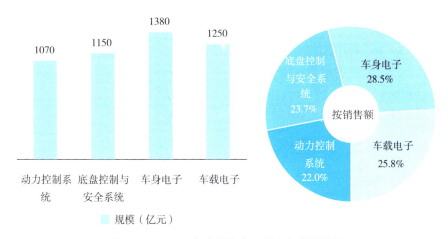

**图 23 – 2    2016 年中国汽车电子市场应用结构**

资料来源：赛迪顾问，2016 年 12 月。

近几年来，中国汽车电子市场保持高速增长。推动中国汽车电子市场增长的原因有三方面：第一是中国汽车产业持续发展；第二是国产汽车产品升级步伐加快；第三是消费者需求不断向汽车电子倾斜。在所有四大类汽车电子产品中，车载电子产品已经成为中国汽车电子市场的一个亮点，车载 GPS、TPMS、智能后视镜等新兴车载电子产品市场的潜力逐步释放，这也为本土企业创造了更多的发展机会。车载电子产品成长的推动力主要来自于后装市场，得益于消费者对于行驶中娱乐和交通信息获取的需求不断发展，娱乐内容载体的更换推动了产品的升级。

从整车制造的角度来看，汽车电子主要产品规模及市场份额见表23－1。

**表 23－1　2016 年中国汽车电子市场产品结构**

| 汽车电子产品名称 | 销售额（亿元） | 销售额份额 |
| --- | --- | --- |
| EMS | 804 | 16.6% |
| 变速箱控制 | 324 | 6.7% |
| ABS | 498 | 10.3% |
| Air Bag | 376 | 7.7% |
| Car Audio | 398 | 8.2% |
| GPS | 453 | 9.3% |
| Car Instrument | 260 | 5.4% |
| 其他 | 1737 | 35.8% |
| 合计 | 4850 | 100.0% |

资料来源：赛迪顾问，2016 年 12 月。

# 第二节　新能源汽车消费扩大及汽车的舒适化、智能化发展带动中国汽车电子市场再攀高峰

## 一、随着汽车智能化的应用，未来汽车电子市场增长模式将由新能源汽车单驱动变为新能源汽车和智能汽车双驱动

随着中国汽车产业全球竞争力的增强，中国汽车年产量与全球汽车年产

量占比逐年提升，中国汽车电子市场将保持继续增长态势。预计2017年，中国汽车电子市场规模将达到5577.5亿元。随着汽车智能化的应用，未来汽车电子市场增长模式将由新能源汽车单驱动变为新能源汽车和智能汽车双驱动。

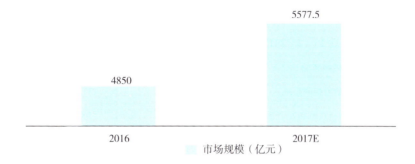

**图23－3　2016—2017年中国汽车电子市场规模预测**

资料来源：赛迪顾问，2016年12月。

### 二、车载电子市场在前装和后装改装两个市场推动下，未来增速将呈现先快后慢的特点

从应用结构角度来看，由于动力控制系统普及率非常高，其增长主要依靠自动变速箱和新能源汽车动力控制系统的发展。未来三年新能源汽车将在政策支持下发展态势良好，动力控制系统市场将有大的突破。

底盘和安全控制系统新应用较多，电子悬架控制系统、预碰撞干预系统、行人防撞系统等新应用不断涌现，随着汽车产量对汽车电子需求拉动的能力逐渐减弱，汽车功能特性将对汽车电子形成新的需求。底盘和安全控制越来越为消费者所重视，未来三年市场发展较快。

随着国产汽车电子化程度的不断提升，车身电子市场将拥有越来越重要的位置，电动座椅、区域温控空调、自适应前车灯等新产品将随着消费者对于车辆舒适性的追求不断提升，普及率将不断提高，车身电子市场将得到较快的发展。

车载电子市场在前装和后装改装两个市场的推动下，未来三年的增速将呈现先快后慢的特点。随着汽车信息和娱乐系统产品和服务的不断完善，多媒体系统、车载电视、车载GPS等产品的普及率将不断提升，推动车载电子市场的发展。而车载电子市场进入门槛较低的状况，也在一定程度上推动了车载电子市场的发展。由于车载电子产品相对技术门槛较低，产品价格长期来看会呈现下降趋势，所以销售额的增长率会逐渐下降，但是车载电子市场整体规模仍将保持增长。

表23-2　2017年中国汽车电子市场应用结构预测

| 各领域销售额（亿元） | 2017年 |
| --- | --- |
| 动力控制系统 | 1322.0 |
| 底盘控制系统和安全系统 | 1300.0 |
| 车身电子 | 1573.0 |
| 车载电子 | 1382.5 |
| 合计 | 5577.5 |

资料来源：赛迪顾问，2016年12月。

表23-3　2017年中国汽车电子市场各应用领域销售额增长率预测

| 销售额增长率 | 2017年 |
| --- | --- |
| 动力控制系统 | 23.6% |
| 底盘控制系统和安全系统 | 13.0% |
| 车身电子 | 14.0% |
| 车载电子 | 13.0% |

资料来源：赛迪顾问，2016年12月。

# 第二十四章 光　　伏

## 第一节　新增装机容量创历史新高，
## 企业盈利水平明显提升

### 一、新增装机量创历史新高，分布式光伏装机未达预期

2016 年，我国光伏市场持续增长，仅前三季度，我国新增光伏发电装机便达到 26GW，同比增长 147%，全年新增装机将超过 30GW，创历史新高，远超过 2016 年国家下发的 23.83GW 光伏电站规模指标。累计装机量超过 70GW，这也是中国自 2013 年以来，连续四年获得光伏装机总量的第一名。根据国家能源局已公布的数据，截至 2016 年一季度末，国内分布式光伏累计装机总量 7.02GW，虽然 2016 年全年的最新统计数据还未公布，但预计全年很难超过 4GW，分布式光伏新增装机量目前仍较小，增速缓慢，若按"十三五"期间分布式光伏总装机量为 60GW 计算，那么分布式光伏年平均装机量约为 12GW。目前的状态尚不足以支撑每年 12GW 的装机量，未能达到预期。

### 二、弃光限电问题仍待解决，非技术因素蚕食电站利润

国家能源局数据显示，2016 年全国一季度弃光限电约 19 亿千瓦时，甘肃和新疆弃光率分别达到 39% 和 52%，明显高于 2015 年底的 31% 和 26%，经济下行压力下，限电问题严峻，短期仍无解；同时，可再生能源补贴资金存在巨大缺口，光伏补贴拖欠问题仍未妥善解决，短时间内难以做到及时发放，土地性质问题以及土地税费问题开始显现。除了上述问题外，融资难、融资

贵也制约着我国光伏产业发展，我国光伏企业境内融资成本在8%左右，部分甚至高达10%。在目前负荷与资源错配的现象短期内无法解决的情况下，虽然电改将从制度和实操层面有效缓解目前弃光限电严重的现象，但是限电、补贴、用地压力仍在，上述非技术性因素仍将蚕食电站利润，严重影响了企业的技术创新、技术改造、技术升级、正常经营和经济效益。

### 三、光伏制造海外布局加速，企业盈利水平明显提升

在"一带一路"倡议引导及国际贸易保护倒逼下，我国光伏企业"走出去"步伐不断加快，产业扩张仍在持续。我国光伏企业通过海外建厂、投资建设光伏电站等方式，实现全球化布局。也有企业通过签订代工协议，以规避"双反"税率，绕道布局全球市场。截至2016年上半年，中国企业在海外的电池产能达到5G，组件产能达到5.3GW，在建电池项目200MW，组件项目300MW，未来计划建设的电池项目3.7GW，组件项目4.45GW，通过代工的组件产为1.1GW，并购的组件产能386GW。在全球强劲的市场需求下，我国光伏企业盈利水平明显提升。2016年上半年，已上报的42家组件企业平均产能利用率为88.6%，比2015年上半年提高9个百分点。大多数光伏组件企业盈利，前十家企业盈利水平多在15%左右；从38家通过规范条件的组件企业2016年上半年经营情况看，仅有5家企业亏损，平均利润率达到5%，比2015年同期增加3个百分点。

## 第二节　单晶市场有望提升至40%，"光伏+"应用不再是噱头

### 一、新增装机量约为20GW，光伏由量变向质变过渡

2017年在领跑者项目、光伏扶贫和分布式项目带动下，国内光伏市场仍有较大发展空间，巴黎气候协议已经生效，也将推动光伏发展。但考虑到中国经济步入新常态，电力需求放缓，弃风、弃光高居不下，我国政府下调对

光伏的补贴等因素，2017 年安装规模相比 2016 年将有所减少，我们预计 2017 年我国光伏新增装机量为 20GW 左右。目前，光伏产业已经完全实现了规模化发展，并且发展速度非常快，考虑到中国正在尝试以招标来制定补贴电价，竞价上网一定是未来必然的趋势，势必推动高效产品产业化，同时，领跑者计划的实施，有利于通过市场化竞争引导光伏技术进步和产业升级，从而倒逼光伏企业在保持产量的基础上，更加注重产品的质量提升。

## 二、PERC 电池赢得更多市场，单晶市场占比大幅增加

高效电池路线中，PERC 技术最为成熟，普及也最广，截至 2016 年底，单多晶 PERC 产能超过 13GW，但具体到各企业的生产应用中，同现有生产线的匹配仍有问题，导致目前 PERC 出货量仍然较少，产量不到 4GW。随着生产线匹配问题逐步得到解决，诸多厂家产能逐步释放，预计 2017 年 PERC 电池技术将赢得更多市场，产能有望达到 20GW，产量更有望倍增，这得益于 PERC 产品的高性价比，以及包头、阳泉、大同等一批 GW 级"领跑者"基地建设项目实施，单晶市场占比在今后两年持续提升，加上部分省份实施的领跑者计划，以及扶贫与分布式等屋顶型系统偏好高效产品，使得 2017 年单晶在中国市场大幅增加，有望达到 40%。

## 三、跨行业融合进一步推进，分布式光伏将持续增长

2017 年，我国光伏电站开发将基于各区域的区位优势、资源优势、产业优势和科技优势，继续与农业、养殖业、矿业、水务、交通、生态治理跨界融合，呈现多元化发展趋势，提高电站综合收益。随着优质的电站建设土地资源出现稀缺，不占用指标的分布式光伏市场又将是一场激烈的竞争，分布式光伏呈现"全国抢屋顶"发展态势，分布式装机规模预计将不断扩大。同时，随着电力配售点领域的改革，如直购电、区域售电牌照的发放，也为分布式光伏带来新的发展机遇。区域分布主要在电力负荷比较集中的中东部地区，同时光伏水泵、光伏路灯、光伏树及光伏消费品等光伏应用产品型态逐步多样化。

### 四、海外市场成为新增长极，企业"走出去"步伐加快

当前，我国经济步入新常态，随着补贴逐步下调，势必会影响光伏开发商的投资积极性，并拉低组件、逆变器等设备需求，当中国产品价格下滑时，中国供应商会设法到海外市场寻求买家，来消化国内的过剩产能。伴随着各国政府对"可再生能源替代化石能源"的呼吁，如今已有多个国家制定了可再生能源发展目标，泰国计划到2021年可再生能源比重达到25%。印度计划到2020年实现20吉瓦的太阳能发电规模，同时，一些发展中国家中，如巴基斯坦、印度、印尼等地仍有部分地区还没有通电，有较大的光伏产品市场。再加上目前欧美"双反"阻力始终未减。因此，未来会有越来越多的国内光伏企业把目光转向国外，以寻找新的市场，中国光伏"走出去"，在东南亚、南美、澳大利亚谋求发展是整个行业的一个方向，2017年中国光伏企业"走出去"步伐将进一步加快。

### 五、新技术新产品开发活跃，智能化水平将继续提升

2017年，技术进步仍将是产业发展主题，光伏产品高效化提速。"金刚线＋黑硅"技术将会被企业大规模采用，主流组件产品功率将达到270—275W，PERC电池、N型电池市场将开启，农光、渔光互补等新模式将推动双玻组件、智能组件、跟踪系统、MPPT逆变器等新产品需求。硅烷流化床法多晶硅生产工艺有望实现规模化生产，单晶连续投料生产工艺和G7、G8大容量铸锭技术持续进步，国产正银浆料产业化推广将会取得成效。同时，大部分的光伏企业正逐步实现由"制造"向"智造"转型，光伏制造的智能化水平有望逐步提高。未来一段时期，国内外光伏市场需求旺盛，高效和可靠性不再是衡量光伏产品的唯一指标，智能化、轻量、满足不同使用条件的要求会使产品更加多样化，并适用于多种应用和安装条件，从而实现能源互联网。

### 六、企业盈利水平有所降低，企业间的分化迹象加剧

2017年，随着终端应用需求增长放缓和国内多晶硅、组件等产业链环节产能增加的叠加作用，过度的供过于求可能使我国光伏产品再现价格失序状

态，组件价格以及中上游多晶硅、硅片、电池片价格低点 2017 年都可能再创新低。再考虑到光伏补贴下调等因素，2017 年太阳能供应链由上至下利润都将低于 2016 年，企业盈利水平普遍有所降低。同时，企业间的分化迹象加剧，有规模、有品牌、有技术的大企业大多数会订单饱满，产能利用率高，部分中小企业缺乏规模和品牌优势，随着市场趋冷，重组、整合是趋势，组件企业从数量上会降低，整体产业链中的企业都需重新思考产品及盈利模式的布局，企业的定位都需更加明确，以防止被剧烈变迁的环境所边缘化。

# 第二十五章　机器人

在《中国制造2025》《机器人产业发展规划（2016—2020年）》以及强基工程的大力推动下，机器人成为衡量国家创新能力和产业竞争力的重要标志之一，具有广阔的市场前景。中国已连续三年成为全球工业机器人最大市场，2016年工业机器人进入快速成长期，呈现全产业链发展态势；服务机器人尚处于发展初期，应用主要集中在医疗和个人/家用领域，产业发展空间良好，有望成为下一个蓝海。

## 第一节　2016年机器人产业发展环境持续优化

### 一、政策环境利好，产业规模保持快速增长

国家在政策层面上对于机器人产业的扶持力度不断加码，2016年4月，《机器人产业发展规划（2016—2020年）》发布，用于推动我国机器人关键零

图25 - 1　2013—2016年中国工业机器人产量与增速

资料来源：赛迪顾问，2016年12月。

部件和高端产品的重大突破，实现机器人质量可靠性、市场占有率和龙头企业竞争力的大幅提升；同年 12 月，工信部、财政部联合发布《智能制造发展规划（2016—2020 年)》，其中机器人占据重要地位，以支撑我国打造制造业竞争新优势，实现制造强国战略。根据赛迪顾问统计，2016 年中国工业机器人产量将达到 5.2 万台，同比增长 57.6%。

## 二、产业全链发展，下游应用呈现多元化拓展

工业机器人产业链主要由零部件企业、本体制造企业、系统集成商构成，2016 年产业链各环节均得到发展。核心零部件国产化的趋势已经显现，国内企业已经从事关节型机器人本体研发与生产、系统集成环节向高端配套发展。下游应用领域方面，汽车制造业是工业机器人占比最高的应用领域，涵盖了汽车及汽车零部件生产、加工及仓储的全过程；电子行业由于制造柔性化和生产高速性的要求，工业机器人的使用也必不可少；金属和机械加工行业引入工业机器人，有利于产品的批量化生产，实现生产自动化，降低人力成本，提高生产效率和管理水平。

## 三、业内竞争加剧，多方企业先后布局机器人业务

2016 年，国内机器人行业竞争不断深化。一方面，国外机器人巨头的涌入给国产机器人带来冲击。ABB、安川、库卡、发那科都在中国成立了本体制造商，那智不二越、纳博特斯克等也都在中国成立了生产基地。巨头的涌入给国产机器人，尤其是以低端机器人应用集成为主要营业收入来源的公司形成了巨大的冲击。另一方面，机器人需求商开始转型生产机器人。由于采购规模迅速膨胀，下游汽车、电子、家电等领域的龙头企业，例如富士康、美的、格力、奇瑞汽车等，以投资并购、合作建厂等形式开始研发和自供机器人，参与行业内竞争。

# 第二节 2017 年机器人走向融合智能与人机协作新阶段

## 一、人工智能与互联网技术开启"机器人 2.0"元年

机器人在汽车、电子制造等产业中的应用已经非常普遍，而随着传感器、人工智能等技术的进步，机器人正朝着与信息技术相融合的方向发展，通过云计算和人工智能深度学习，机器人可从执行一项简单重复性的工作进化为执行各种复杂多样化的工作，并开始应用大数据实现自律化。如今，微软、谷歌、英特尔等科技巨头已进军机器人产业，布局"机器人 2.0"时代，引领智能机器人的创新发展。我国重点开展人工智能、机器人深度学习等新一代机器人技术研究，注重战略性、前瞻性、创新性的工作，以期在机器人产业变革中实现"弯道超车"。

## 二、协作机器人将引起更多中小企业关注，市场份额扩大可期

随着"工业4.0"的不断推进，智能化、个性化、小批量的生产模式正逐渐应用普及。协作机器人相较于传统工业机器人，具备重量轻、耗能低、体积小等特点，将在小型零件制造如食品加工、精密电子器件等细分制造领域得到广泛的应用。并且，协作机器人柔性更强，工作任务可以随时改变和调整，且价格一般在 10 万—15 万元，对以小批量、定制化、短周期、没有太多资金对生产线进行大规模改造的中小企业吸引力较大。2017 年，协作机器人将凭借上述特点及优势进入传统机器人未涉及的细分行业，尤其是中小企业，市场份额也将随之增长。

## 三、机器视觉技术助力国内企业切入上游环节

机器视觉技术是用机器代替人眼来做测量和判断，主要用计算机软件来模拟人的视觉功能，从客观事物图像中提取信息进行处理并最终用于实际检

测、测量和控制工作。从市场需求来看，世界机器人数量逐年递增，机器人数量规模的增加同时也在拉动对机器视觉功能的需求；从技术层面来看，近年来我国机器视觉行业的专利数量快速增加，将推动机器视觉技术向更高精度、更高要求方向发展。机器视觉技术主要依靠的软件服务、半导体芯片和传感器等硬件产品在我国已具备良好的发展基础，有助于国内企业切入上游环节，对于实现国产化具有重要的意义。

### 四、医疗机器人有望成为机器人行业投资"升班马"

医疗机器人等高智能医疗设备是未来几年我国发展的重点领域之一，各地政府也在积极打造医疗机器人测试及应用平台，并为建立行业标准给予政策指导，政策方向明确。目前，医疗机器人主要集中在北美市场，国内市场刚刚兴起，市场渗透率不足5%，存在巨大的市场空间和发展潜力，国外企业纷纷将中国市场视为提升业务的关键点。新松、博实、金山科技、妙手集团等国内企业也为抢占国内市场高地，加速对医疗机器人领域的产业布局。预计，2017年医疗机器人将成为服务机器人行业投资的最大热点，有望成为新兴行业投资者的新机遇。

### 五、产业整体规模乐观预期，年均增长率保持高位

赛迪顾问预计，随着"中国制造2025"战略的不断推进和落实，未来中国工业机器人产业将继续保持稳定增长，业内领军企业产业化能力不断提升，与此同时，越来越多的新企业也积极投身于机器人产业发展中，预计2017年中国工业机器人产量将增长到6.4万台，2020年产量突破10万台，年均复合增长率在19%左右。同时，随着物联网、大数据、人工智能技术的不断进步，以及老龄化社会服务、医疗康复、救灾救援、教育娱乐等领域对服务机器人需求的不断增加，服务机器人产业发展将迎来新的机遇。预计2017年我国服务机器人市场规模在200亿元左右。

# 第二十六章　无人机

## 第一节　多方布局无人机领域，应用市场逐步细化

### 一、资本市场降温，无人机投资回归理性

2016 年，无人机行业投融资市场出现降温，据统计，2015 年共有 74 笔无人机融资案例，融资 4.54 亿美元，2016 年仅有 21 笔无人机融资案例，融资 0.87 亿美元，平均单笔融资金额为 0.0492 亿美元，近 500 万美元。经过几年的爆发式增长，无人机的投资热潮随着市场与产业的不断成熟，以及国内经济增速放缓，逐步回归冷静。相对于资本的急速膨胀，回归理性的无人机投融资市场更能够使无人机从业者有提前规避风险的意识，促进无人机产业健康发展。

表 26 - 1　无人机企业 2016 年投融资案例

| 事件主体 | 时间 | 事件简介 |
| --- | --- | --- |
| 零度智控 | 2016.1 | 雷柏科技控股子公司零度智控与腾讯签署合作协议 |
| 宙心科技 | 2016.2 | 天使轮融资，金额 500 万元，投资方英诺天使基金、泰有投资、臻云创投 |
| 飞豹无人机 | 2016.3 | 在 B 轮融资中获得深圳投资集团 2300 万美元投资，现总获得 3550 万美元投资 |
| 奇蛙智能 | 2016.3 | 奇蛙智能科技获得方广资本 Pre - A 轮融资，金额超过 1000 万元，公司估值过亿 |
| 翼动科技 | 2016.3 | 重庆翼动科技有限公司获得 5500 万元 A 轮融资，投资方为联络互动 |
| 零零无限 | 2016.4 | 宣布已获得总额为 2500 万美元的融资，其中 A 轮融资 2300 万美元 |
| 科比特 | 2016.4 | 科比特完成 4000 万元的 B 轮融资，估值 5 亿元。投资方为深港通资本 |

资料来源：赛迪顾问，2016 年 12 月。

## 二、巨头布局无人机领域，逐步改变竞争格局

2016 年，各行业巨头加快进军无人机领域的步伐，小米、腾讯、华为、高通、海康威视等多家企业在 2016 年或推出无人机整机产品，或从上游芯片切入无人机领域。伴随巨头跨界布局无人机，无人机市场竞争格局也在悄然发生变化。高通的骁龙无人机芯片为零度智控等多家企业的新型无人机提供了强大的硬件支撑，小米、腾讯的无人机产品使得消费级无人机价格竞争愈发激烈，海康威视的加入则为无人机专业应用的发展带来了强劲的动力。

表 26 – 2　布局无人机领域的主要企业

| 企业名称 | 事件简介 |
|---|---|
| 小米 | 小米无人机布局消费级无人机领域，产品分为 1080P 版与 4K 版，2016 年 5 月，1080P 版开启众筹，"双十一"登陆小米商城、天猫、京东、小米之家、米家商城五大平台正式发售。 |
| 腾讯 | 腾讯空影无人机 2016 年 10 月底开放预售，以 1999 元进军消费级无人机市场，空影无人机的优势在于低价以及强大的微信分享端。 |
| 华为 | 2016 年 7 月，北京，宙心科技与华为海思召开了联合发布会，宣布进军无人机领域。 |
| 高通 | 于 2015 年 9 月推出骁龙飞行平台。2016 年，Dobby、HoverCamera 等多款无人机均使用该平台。 |
| 海康威视 | 海康威视无人机定位于行业级应用，飞行器、云台、地面站全套自主研发设计，可连同其他资源提供整体化的解决方案，满足于消防救援、空中巡逻等应用需求。 |

资料来源：赛迪顾问，2016 年 12 月。

## 三、产品呈现多样化发展，细分市场增速加快

纵观 2016 年无人机产品，小型自拍无人机、娱乐竞速无人机、农业植保无人机等机型成为产品创新热点，无人机产品正从单一的航拍无人机逐渐向个性化、多样化发展。针对个人消费需求，自拍无人机、娱乐无人机在 2016年异军突起出货量接近 20 万台，同时大疆创新、零度智控、高科新农等企业均推出新型农业植保无人机，无人机在农业应用领域快速渗透，无人机的细

分市场正在形成并快速增长。

# 第二节　无人机或将成为热点技术应用载体，新运营模式有望实现突破

## 一、从无人飞机向到"空中机器人"发展

2016年可以说是虚拟现实"元年"，AlphaGo的胜利也展示了人工智能的巨大发展潜力，在这两者成为行业热点的同时，如何应用也成为其未来发展的关键问题。无人机作为机器人的热门领域之一，与人工智能、虚拟现实技术结合是发展的必经之路。从技术结合角度看，随着人工智能概念的快速发展，无人机的深度学习将成为可能，最终无人机将以空中机器人的形态存在。同时，虚拟现实在无人机的初步应用已经实现，如将虚拟现实设备与无人机相连接，使用户轻松感受第一人称视角飞行体验。从行业发展看，无人机用户接受度高、展示性强，作为两种技术的高效载体也将受到业内的青睐。

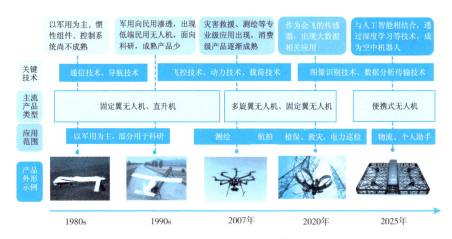

图26-1　无人机演进趋势图

资料来源：赛迪顾问，2016年12月。

## 二、独角兽企业仍保持领军地位，创新仍是核心竞争力

无人机技术创新速度快，多个应用领域发展潜力尚未开发，2017 年无人机将呈现多元化创新的发展格局。从 2016 年的无人机发展趋势看，如何创新提升无人机这一飞行平台的应用价值仍将是各家企业竞争的焦点，同时细分市场的开拓将对市场的竞争格局产生一定影响。一方面，在航拍应用领域，由于技术优势及用户积累等原因，大疆创新仍将保持领军地位，同时受市场容量限制，消费级市场将出现兼并重组的趋势；另一方面，在激烈的竞争下，企业将继续寻求细分市场突破，各类跨界无人机的新兴企业如能抓住用户需求痛点，则将在细分市场中占据先机。

图 26 - 2　无人机竞争格局

资料来源：赛迪顾问，2016 年 12 月。

## 三、数据采集分析或成为主流运营模式

随着"无人机 + 相机"发展模式的成熟，更多应用将集中在无人机系统平台的使用上，而作为空中数据端口的无人机，其数据的采集、传输、分析

将成为应用的核心环节，因此图像跟踪识别技术、大数据分析软硬件技术等都将成为下一阶段无人机发展的热点，大数据、云计算与物联网等新兴信息技术也影响着无人机技术的变革。同时，提供无人机平台服务的公司也将受益，通过出售无人机平台所采集的数据以及相应的分析结果，无人机平台公司将在产业中占据重要的位置，无人机产业未来将向着服务型制造业发展。

## 四、电力巡检有望成为下一个专业应用热点

在电力行业，无人机主要应用在架空输电线路巡检方面，利用无人机巡检电力系统线路，不仅降低了在人工巡检过程中出现的故障率，也有效地降低了电力企业的成本，同时提高了电力巡检的工作效率。无人机每次飞行时间瓶颈可达1小时，每小时巡检30公里，每飞4个架次相当于30名巡线员一天的工作量，且不受地理环境的限制。目前国家电网和南方电网相关部门正在着力推进无人机班组建设、完善各类保障支撑体系，为无人机在电力行业的广泛应用做好全面准备工作，随着无人机避障技术、飞控技术的不断提升，以及几年的无人机电力巡检经验积累，无人机电力巡检将迎来全面推广应用的新阶段。

表26-3　无人机电力巡检行业标准

| 发布时间 | 发布单位 | 名　称 |
|---|---|---|
| 2015.7 | 国家电网 | 《架空输电线路无人机巡检系统配置导则》 |
| 2014.3 | 南方电网 | 《架空输电线路机巡光电吊舱技术规范（试行）》 |
| 2014.6 | 中电联 | 《架空输电线路无人机巡检作业技术导则》 |

资料来源：赛迪顾问，2016年12月。

## 五、军用无人机全球市场份额将进一步提升

国产军用无人机不但价格便宜，而且供货渠道畅通，在国际市场上备受青睐，预计2017年市场份额将进一步增加。一方面，低廉的价格促使国防开支有限的国家更倾向于购买中国生产的无人机来提升军事科技的现代化程度。一架美国MQ-1"捕食者"无人机售价为400万美元，而中国"翼龙"无人

机仅需 100 万美元；另一方面，中国无人机技术发展也十分迅猛，在 2016 年的珠海航展上，中国展示的新型无人机如云影、彩虹 5 等在航程和载荷方面都有大幅提高。此外，中国出口无人机相对美国等欧美发达国家更加便捷，也促使各国买家争相购买。通过对价格、渠道、技术等方面的分析，赛迪顾问认为中国军用无人机在未来全球市场中具有越来越强的竞争力。

# 第二十七章　新能源汽车

## 第一节　政策规范逐步加强，行业迎来深度调整

### 一、骗补核查、电池规范等政策导向行业规范加强

2016 年以来，国家先后出台了新能源汽车骗补核查、暂停三元电池客车申报、动力电池行业规范目录与新能源汽车推广目录、新能源汽车生产企业及产品准入规则、促进汽车动力电池产业发展的指导意见、新能源汽车积分交易制度等一系列政策，政策由粗放式财政补贴向多样化非财政政策工具转变，行业整顿力度不断加强。

表 27－1　2016 年新能源汽车重点政策分析

| 时间 | 部门 | 文件 |
|------|------|------|
| 2016.1 | 工信部 | 《汽车动力蓄电池行业规范条件》企业目录 |
| 2016.1 | 财政部、科技部、工信部、国家发改委 | 《关于开展新能源汽车推广应用核查工作的通知》 |
| 2016.1 | 工信部 | 暂停三元锂电池客车列入新能源汽车推广应用推荐车型目录 |
| 2016.5 | 国家发改委、工信部 | 《新能源汽车生产企业及产品准入管理规则（征求意见稿）》 |
| 2016.6 | 工信部 | 《电动客车安全技术条件》（征求意见稿） |
| 2016.8 | 国家发改委 | 《新能源汽车碳配额管理办法》 |
| 2016.9 | 工信部 | 《企业平均燃料消耗量与新能源汽车积分并行管理暂行办法（征求意见稿）》 |
| 2016.10 | 工信部 | 《节能与新能源汽车技术路线图》 |
| 2016.11 | 工信部 | 《汽车动力电池行业规范条件》 |

资料来源：赛迪顾问整理，2016 年 12 月。

## 二、新能源汽车销量增速低于市场预期

新能源汽车产销量持续增长，但受制于推广核查、三元电池客车暂停、动力电池规范目录等政策环境的影响，企业抱谨慎观望态度，行业增长速度放缓，整体市场热度低于预期。截至2016年11月，新能源汽车累计生产42.7万辆，销售40.2万辆，比上年同期分别增长59.0%和60.4%。其中纯电动汽车产销分别完成34.0万辆和31.6万辆，比上年同期分别增长75.6%和77.8%；插电式混合动力汽车产销分别完成8.7万辆和8.6万辆，比上年同期分别增长16.2%和18.0%。

## 三、动力电池产能过剩现象凸显

受益新能源汽车市场驱动，动力电池领域扩张持续火热，包括传统电池企业加大自身产能扩建、电池材料企业向锂电池领域延伸、其他行业上市企业进军电池及材料领域。赛迪顾问统计，2016年各大企业进一步加快自身产能扩张，主流企业到年底产能已超过50GWh，而2016年动力电池市场需求量20—30GWh，动力电池产能过剩问题突出。

表27-2  主流电池企业电池产能扩张的情况

| 企业名称 | 2015年产能（GWh） | 2016年产能（GWh） | 2020年企业计划产能（GWh） |
|---|---|---|---|
| BYD | 6 | 16 | 50 |
| 万向 | 1.5 | 3 | 25 |
| 中航锂电 | 2 | 4 | 16 |
| 光宇 | 0.5 | 1.5 | 1.5 |
| CATL | 2 | 7.5 | 25 |
| 力神 | 1.95 | 4 | 9.2 |
| 国轩高科 | 1.5 | 2+10（青岛基地） | 7 |
| 比克 | 0.75 | 1.5 | 6.6 |
| 威能 | 1.35 | 2 | 6 |
| 沃特玛 | 0.48 | 1.5 | 1.6 |
| 三星 | 1.2 | 1.2 | 3 |
| LG | 1.2 | 1.2 | 3 |
| 国内合计 | 20.43 | 55.9 | 147.9 |

资料来源：赛迪顾问整理，2016年12月。

# 第二节　市场驱动转变，行业潜力将进一步释放

## 一、产业政策由培育市场向规范市场转变

2017 年开始，新能源汽车产业政策补贴将逐步退出，而针对行业内技术创新的奖励政策将逐步推出。"以奖代补"等多样化的扶持政策将继续引导整个新能源汽车产业化发展。未来政策将围绕行业规范、技术标准、技术创新等方面，逐步向"政策＋市场"双重驱动转变，绿色信贷、碳配额、油耗积分交易等"政策＋市场"支持手段也将逐步增多。

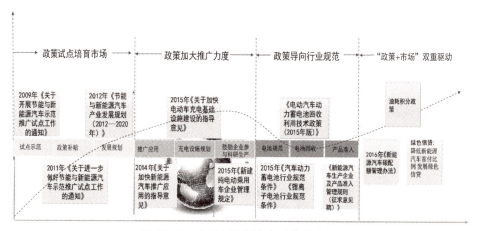

**图 27－1　中国新能源汽车政策演变图**

资料来源：赛迪顾问整理，2016 年 12 月。

## 二、市场驱动力逐渐由公共领域转向私人领域

2017 年，新能源汽车市场将逐步由公共领域向私人领域转变。公共领域市场将会减少，一方面补贴调整等政策对新能源客车影响较大，另一方面客车中新能源占比已达较高比例，大中客新能源化 40%，接近峰值。私人领域用乘用车将会随着大城市的限行限购逐步放量，市场接受度不断提高。乘用车领域将由政策驱动向政策和个人需求双向驱动转变，私人领域市场逐渐升温。

图 27 – 2　中国新能源汽车销量预测（万辆）

资料来源：赛迪顾问整理，2016 年 12 月。

### 三、整车企业将凭借技术与资本优势独占鳌头

国内现有新能源汽车生产资质的企业 260 多家，但年产不足 100 台的企业 47 家，客车企业 67 家，存在着厂商散、规模小、技术弱等问题。2017 年行业规范和准入要求将日趋严格，一批不合格企业将面临淘汰，具有技术和资本优势的企业将独占鳌头。一是比亚迪、北汽、江淮、上汽、吉利等为代表的优势企业；二是借助外力通过大量招聘国内外技术人才的乐视汽车、蔚来汽车等互联网企业；三是拥有新能源汽车整车设计的企业，如特斯拉、宝马等。

图 27 – 3　2014 年至 2016 年上半年新能源汽车市场竞争格局变化图

资料来源：工信部，赛迪顾问整理，2016 年 12 月。

## 四、动力电池及材料领域仍将是投资热点

从新能源汽车动力电池技术方向来看，2020 年动力电池能量密度要突破 350Wh/kg，动力电池及材料仍将是未来投资重点。赛迪顾问认为，2017 年投资者应重点关注锂离子电池进行技术改进和新型电池产业化项目，一方面重点关注现有锂电池体系技术升级，包括（NCM（811）/石墨体系、NCA/石墨体系）、硅碳电池体系（NCM/硅碳体系、NCA/硅碳体系）及固溶体电池体系（固溶体/石墨体系、固溶体/硅碳体系）；另一方面重点关注新型动力电池产业化项目，重点包括全固态电池、锂硫电池、锂空气电池、燃料电池等新型动力电池产业化项目。

# 第二十八章　环　保

## 第一节　政策与 PPP 项目驱动产业规模提升，加速整合

### 一、投资规模提升，产业规模增长加速

"十三五"时期，环保产业投资将达到 17 万亿元，2016 作为开局之年，投资额与投资额占 GDP 比重均显著上升，环保产业产值增速提高，增幅超过 20%，全年环保产业呈现明显上涨态势，产业活跃度高。

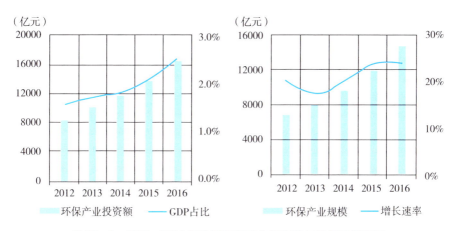

图 28 - 1　2012—2016 年我国环保产业投资额与产值规模变化

资料来源：赛迪顾问，2016 年 12 月。

## 二、多项政策出台，指明环保产业发展路径和目标

2016年，环保政策出台密集，多个细分领域政策出台，《土壤污染防治行动计划》推动土壤修复市场释放，《国家危废名录》激活危废处理行业，企业并购频发。此外，《关于培育环境治理和生态保护市场主体的意见》《"十三五"生态环境保护规划》明确"十三五"发展重点领域与目标。

| 1月 | 3月 | 5月 | 6月 | 7月 | 8月 | 9月 | 10月 | 12月 |
|---|---|---|---|---|---|---|---|---|
| 烟气排放监测管理更趋严格，对未达标区域惩罚措施更严格 | 明确空气净化器净化效果的四项核心指标及噪声标准 | 明确了土壤修复的实施路径，包括目标和修复的措施 | 提出垃圾分类的强制性目标 | 调整危险废物分类，整个行业发展 | 促进制度完善、机制合理，显著提高效能，夯实环评的技术基础 | 规范和加强土壤污染防治专项资金管理，提高财政资金使用效益 | 明确指出环保产业到2020年的产业发展目标 | 针对节能环保装备的产值目标 | 环评、检测机构与排污单位承担连带责任 | 明确"十三五"阶段环保产业发展重点方向 |
| 《大气污染防治法》 | 《空气净化器》新国标 | 《土壤污染防治行动计划》 | 《垃圾强制分类制度方案》 | 《国家危废名录》 | 《"十三五"环境影响评价改革实施方案》 | 《土壤污染防治专项资金管理办法》 | 《关于培育环境治理和生态保护市场主体的意见》 | 《绿色制造工程实施指南（2016—2020年）》 | 《水污染防治法（修订草案）》 | "十三五"生态环保规划 |

**图28-2　2016年我国环保政策出台情况**

资料来源：赛迪顾问，2016年12月。

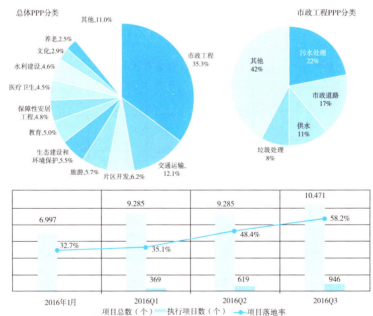

**图28-3　2016年我国环保PPP项目资源情况**

资料来源：财政部，赛迪顾问整理，2016年12月。

### 三、PPP 模式仍是环保产业主题，驱动企业业绩高速增长

截至 2016 年 9 月 30 日，全部入库 PPP 项目达到 10471 个，总投资额 12.5 万亿元，环保类 PPP 项目占比近 20%，全年项目落地率稳步提升，环保类项目落地率领先。水处理行业明显受益，行业收入增幅超过 40%，碧水源、兴源环境、东方园林等企业 PPP 订单充裕，业绩增长显著。

### 四、环保产业未来可期，企业并购重组活跃

环保产业的高景气度吸引众多行业内外企业加码进场，并购事件数量和金额相较 2015 年呈现数倍增长态势。环保企业为了强化核心技术实力，提升企业工程业绩，加快国际化步伐，积极拓展海外并购，全年海外并购金额占比近 50%，中国企业已经成为国际优质环保资产的最大投资者。

**图 28 - 4　2016 年前三季度我国环保行业并购事件统计**

资料来源：赛迪顾问，2016 年 12 月。

# 第二节　产业投融资模式更趋多元化，新兴市场加速整合

## 一、产业投资额进一步提速，产业规模维持高速增长态势

进入 2017 年，环保产业投资将继续攀升，预计全年投资额将超过两万亿元，占 GDP 比重也将显著提高。环保产业继续高速稳定增长，增速预计保持在 20%—25%，产值规模预计达到 1.8 万亿元。

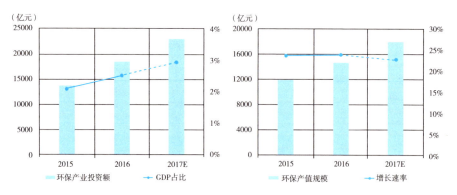

**图 28－5　2017 年我国环保产业投资额及产值规模预测**

资料来源：赛迪顾问，2016 年 12 月。

## 二、PPP 基金推动项目加速落地，提升企业承接能力

国家成立 PPP 引导基金后，地方政府加速配套，撬动的整体资金规模达到 5900 亿元。2017 年，PPP 基金作为新的融资渠道将更广泛地参与各地的 PPP 项目中，明显降低 PPP 项目的资金门槛，缓解企业的融资压力，提升项目承接的能力，进而能够加速 PPP 项目的落地。

| 国家级PPP融资支持基金 | 1800亿元 | 山西PPP融资支持基金 | 100亿元 |
|---|---|---|---|
| | | 中政企海南省环境清洁发展基金 | 45亿元 |
| | | 泰安赛伯乐城市建设发展投资基金 | 80亿元 |
| · 已与9省区合作，设立相应省级PPP基金； | | 渭南市PPP支持与合作发展基金 | 50亿元 |
| · 涉及基金总437亿元，撬动5900亿元的其他投资 | | 中国政企合作许昌城市发展PPP基金 | 20亿元 |
| | | 福建省PPP引导基金 | 200亿元 |
| | | 晋中市现代职教园区建设PPP基金 | 100亿元 |
| 中央引导示范性PPP基金 | 500亿元 | 河南省将设立PPP开发性基金 | 50亿元 |
| | | 宁波复星PPP发展基金 | 500亿元 |
| | | 宁波市PPP投资基金 | 50亿元 |
| | | 烟台PPP基金 | 40亿元 |
| · 财政部出资100亿元，金融机构负责400亿元的支持； | | 黑龙江省PPP融资支持基金 | 1340亿元 |
| · 起到杠杆的作用，撬动更大规模的PPP产业市场； | | 青岛市PPP发展基金 | 300亿元 |
| · 起到监管作用，监督规范国内PPP市场 | | 山东省改善城市人居环境PPP投资引导基金 | 144亿元 |
| | | 贵州PPP产业投资基金 | 20亿元 |

图 28 - 6　国家 PPP 基金及地方 PPP 基金配套情况

资料来源：赛迪顾问，2016 年 12 月。

## 三、绿色债券发行量高速增长，中国占全球比重将继续攀升

2016 年，全球绿色债券发行量超过 500 亿美元，增速放缓但仍保持 15% 以上，我国绿色债券发行量占到全球总量的 40%，成为最大的发行国，未来仍将保持高增速，环保企业将纷纷涌入，发行主体也将更趋多元化。

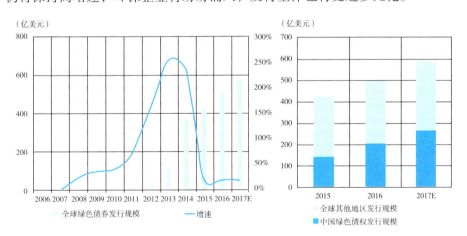

图 28 - 7　全球绿色债券发行情况及国内占比

资料来源：赛迪顾问整理，2016 年 12 月。

## 四、危废处理领域迎来关键发展期，新进入企业将更加密集

危险废物产生量以20%的速度增长，处理处置需求强劲，行业前景广，盈利能力强，2017年将吸引更多企业进入，但由于危废处理经营资质的数量有限，申请周期长，行业进入门槛较高，新进入者将主要采取企业并购的方式进行布局。

**图28-8　2017年我国危废行业整合趋势**

资料来源：赛迪顾问，2016年12月。

## 五、土壤质量监测先行，大规模耕地修复项目仍需等待

我国土壤质量监测体系仍需强化，2017年仍将处在土壤质量监测网络完善、修复治理规划阶段。土壤污染监测市场将得到释放，利于环境监测企业

**图28-9　我国土壤修复工作路线图**

资料来源：《土壤污染防治行动计划》，赛迪顾问整理，2016年12月。

业绩提升。目前土壤修复项目主要为棕地修复及部分矿山修复，市场最大的耕地修复领域商业模式不清晰，资金配套不足，仍需待监测体系完善，专项配套资金出台后，市场才能全面开启。

## 六、村镇污水处理存在明显缺口，市场开始释放

我国城市和县城污水处理率已达到87%和80%，但建制镇的污水处理率不到30%，村庄的污水处理率仅有8%，同时污水管网严重缺失，存在严重的污水处理缺口。在农村生活污水治理示范的带动下，2017年千亿级村镇污水处理市场将逐步释放，提前布局企业将首先获益。

图 28-10　我国村镇污水处理市场预测

资料来源：赛迪顾问，2016 年 12 月。

## 七、产业并购事件更加密集，三类并购加速环保产业整合

环保行业并购将继续保持高热度，并购数量与金额将加速上升，三类并购将推动营收超百亿的大型环保企业形成。平台化战略推动行业内企业并购，加速布局环保行业热点领域；环保行业高景气度吸引外部企业进入，并购环保企业成为重要方式；国内环保企业盘活资产能力增强，国际化步伐加快，将成为环保行业全球并购的主力军。

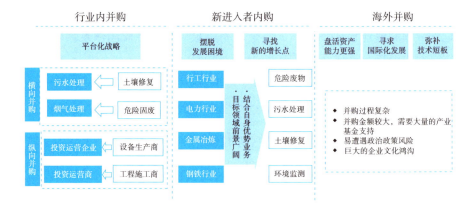

**图 28 - 11　环保行业未来三大并购趋势**

资料来源：赛迪顾问，2016 年 12 月。

# 第二十九章　大健康

大健康不仅作为一种理念，同时也作为一个产业在全球迅速发展并广为民众所接受。在我国经济步入新常态的大背景下，发展健康产业可成为我国经济发展新的增长极，也是实现全民健康的重要抓手，为我国打造"健康中国"、全面建成小康社会提供基础保障。2016 年中国大健康产业得到了快速发展，《"健康中国" 2030 规划纲要》发布实施、产业规模快速增长达到 3.2 万亿元、技术创新不断深入、资本投资十分活跃。随着经济的发展，消费观念的转变，技术创新及应用更加广泛及深入，2017 年大健康产业将进入黄金发展阶段。

## 第一节　2016 年中国大健康产业进入快速发展阶段

### 一、"健康中国" 进入实施阶段，加快大健康产业发展步伐

2015 年 3 月 5 日，《政府工作报告》首次提出 "健康中国" 概念，指出："我们要不断提高医疗卫生水平，打造健康中国。" 2015 年 7 月，国务院发布《关于积极推进 "互联网＋" 行动的指导意见》，专门提出要 "推广在线医疗卫生新模式" 和 "促进智慧健康养老产业发展"。2016 年 10 月 27 日，国务院印发 《"健康中国" 2030 规划纲要》，首次在国家层面提出的健康领域中长期战略规划，是今后 15 年推进 "健康中国" 建设的行动纲领，这为大健康产业发展指明了方向，形成了重大政策持续利好。

## 二、人口结构及消费观念变化促进大健康产业规模快速增长

2014年底，中国60岁以上老年人占总人口的15.5%，预计到2025年，平均每年增加1000万老年人口。全面放开二胎后，中国每年将新增二三百万的婴儿。与此同时，80后、90后正逐渐成为主流消费人群，他们的消费观念正在发生根本性变化，其健康观念从关心治疗逐渐转向关心预防、养生及整体健康。社会的深刻变化要求大健康产业快速发展与之相适应。预计2016年大健康产业规模将超过3万亿元，到2020年总规模将超过8万亿元，占到GDP的10%以上。

**图 29－1　2011—2016 年中国大健康产业规模**

资料来源：赛迪顾问，2016年12月。

## 三、科技的飞速发展使大健康产业在深度和广度上空前拓展

2016年是新兴科技快速应用的一年，以互联网、移动互联网、大数据、物联网、虚拟现实、增强现实、3D打印等科学技术为代表的新技术、新应用层出不穷，改变了人们在生产、生活中场景，也为开发大健康产业海量信息和商业模式的创新提供了强大的信息技术支持，例如，增强现实（AR）、虚拟现实（VR）技术使数字化眼镜、谷歌眼镜在医疗领域的应用能够极大地提高行医效率，提升了临床手术的精准度，并且实现了异地、即时地观看手术直播的可能性；3D打印技术在医学细胞和器官重造上的应用，使细胞建立的模具成为了真实可应用于医学方面的可能性。这些其他领域的科学技术将为

健康产业未来的发展带来无尽的可能。

## 四、四大领域资本投资表现活跃

2016 年，大健康产业 VC/PE 融资持续呈现良好增长态势，融资金额连续 5 年增长，并购市场与融资市场遥相呼应，大放异彩，并购金额和并购案例数量表现持续向好，表现不俗。

从细分领域上看，截至 2016 年 10 月，国内外已发生多起收购并购案例，并购对象主要集中于精准医疗、互联网医疗、健康管理、健康养老四类业务的企业。

表 29－1　国内外大健康产业投融资典型案例

| 领域 | 日期 | 收购方 | 内容 |
|------|------|--------|------|
| 精准医疗 | 2015 年 12 月 | 科华生物 | 出资 2880 万欧元收购 Technogenetics100% 的股权，其中 1880 万欧元用于收购，剩余的 1000 万欧元将用于交易完成后 18 个月内的业务发展 |
| | 2016 年 3 月 | 赛莱拉 | 出资 3180 万元收购广州康琪莱生物科技有限公司 100% 股权，该笔收购将与公司现有的干细胞、健康管理、新药研发等业务产生良好的协同效应 |
| | 2016 年 4 月 | 安科生物 | 以自有资金人民币 44988 万元收购无锡中德美联 100% 的股权 |
| | 2016 年 5 月 | 爵士制药 | 以 15 亿美元收购美股精准医疗龙头 Celator 制药（CPXX） |
| 互联网医疗 | 2015 年 12 月 | 万达信息 | 拟 10 亿元收购上海嘉达信息科技有限公司 99.4% 股权，发展"互联网＋"健康医疗 |
| | 2016 年 4 月 | 深天地 A | 拟以 20.55 元/股非公开发行不超过 2.14 亿股，并支付现金 11 亿元，合计作价 55 亿元收购友德医、赢医通各 100% 股权，进军互联网医疗业务 |
| | 2016 年 7 月 | 万方发展 | 7.86 亿元收购医疗信息化和互联网医药资产，进军互联网医疗领域 |
| 健康管理 | 2015 年 4 月 | 汤臣倍健 | 出资 6600 万元收购国内移动健康领先品牌上海臻鼎电脑科技有限公司的股份，打造移动健康的管理平台 |
| | 2016 年 7 月 | Teladoc | 1.25 亿美元收购健康管理公司 HealthiestYou |
| | 2016 年 10 月 | Welltok | 完成 3370 万美元 E 轮融资，加强并购业务及健康平台优化建设 |

续表

| 领域 | 日期 | 收购方 | 内容 |
|------|------|--------|------|
| 健康养老 | 2016年5月 | 光大控股 | 收购汇晨养老67.27%的股权,布局健康养老产业,与光大控股医疗健康、房地产等相关产业优势互补 |
| | 2016年6月 | 宜华健康 | 拟4.1亿元收购亲和源公司58.33%股权,拓展养老社区、休闲养老、医疗护理、养老咨询及委托运营等方面市场 |
| | 2016年7月 | 南京新百 | 以5.4亿元的价格收购安康通84%的股权、19.4亿元收购三胞国际100%股权,布局健康养老、居家养老领域 |
| | 2016年9月 | 鹏瑞利 | 出资7.4亿元收购人寿堂49.9%股权,计划未来两三年在长三角、成都等中国一线和省会城市布局管理5万张床位,成为中国最大的医养服务和运营商之一 |

资料来源:赛迪顾问,2016年12月。

# 第二节　2017年中国大健康产业将进入黄金发展期

## 一、产业间的融合将为推动我国大健康产业发展提供强大动力

2017年,我国大健康产业将会继续保持较为高速的增长势态,一是政策利好,医改更加深入,健康服务领域将出现爆发式增长,产品形态及服务呈现多样化、多元化的趋势;二是观念的转变,加快现代养老业快速发展;三是云计算、物联网、移动互联网等新一代技术与传统医药产业跨界融合将更加深入,模式及产品创新不断涌现。预计2017年中国大健康产业规模为4.4万亿元,同比增长37.5%,预计到2020年中国大健康产业规模将突破8万亿元。

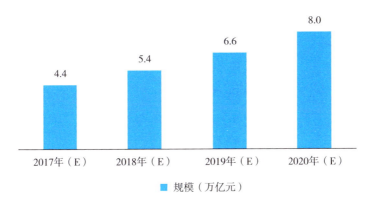

图 29 - 2　中国大健康产业规模预测

资料来源：赛迪顾问，2016 年 12 月。

## 二、法律法规将持续完善，市场监管更加规范

市场的逐渐放宽和相关支撑产业的培育，有效快速地推动了我国大健康产业和相关服务业的快速发展，但在大健康产业面临着巨大发展潜力的同时，由于产业相关法律法规的不健全，使得产业未来面临着相关领域的无法可依、无章可循、行政主体不到位以及部门监管不力等潜在风险。因此，政府将制定相关法律法规及相关鼓励政策，以规范未来市场发展。

## 三、创新活力持续释放，新业态、新服务将不断涌现

中国大健康产业虽规模不断扩大，但与发达国家相比仍处于初创期。参考目前健康服务产业较为发达的美国，中国仍以医疗商品及医院医疗服务为主，且服务创新缺乏针对性。而美国则以家庭为单位，创新医疗健康服务业，其服务针对性强，更加专业，如长期护理服务、健康风险管理服务、家庭及社区医疗保健服务等。同时，随着中国消费升级、人口老龄化等趋势逐步显化，预计我国健康服务产业内部结构将更加多样化，一些新的产业将衍生和发展壮大，与此同时，新一代信息技术的发展也催生了许多新的健康服务业态，将更加有效满足人们的健康需求。

图 29-3　中美大健康产业结构比较

注：左图为中国健康产业结构，右图为美国健康产业结构。

资料来源：赛迪顾问，2016 年 12 月。

## 四、资本将更加聚焦前沿细分领域的投资布局

首先，是以细胞免疫治疗、基因检测、基因编辑为代表的生命科学前沿领域的技术创新。一是细胞免疫治疗对肿瘤细胞具有针对性杀伤作用，而我国新增癌症患者数量大，市场空间广阔；二是大数据分析工具的出现和技术进步使得基因测序进入现实应用领域；三是利用基因组编辑技术，将干细胞结合构建疾病模型，编辑干细胞基因制备治疗性干细胞，深入解析人类基因组学信息，开发 CRISPR 基因编辑技术为新的基因治疗方案已成各国技术主攻方向。

其次，在新技术的模式创新方面，资本将更加注重细分领域的深耕。随着"互联网＋"及大数据技术及政策发展，互联网医疗的发展也迎来了政策的暖风。自 2014 年互联网医疗受到了大量资本的关注与介入，在 2016 年上半年的投融资总额破历史纪录，达到 39 亿美元。但是，借鉴传统互联网其他领域的发展经验，结合医疗领域的特殊性，针对细分领域的市场深耕将成为行业未来发展的核心。

再次，健康管理依然是投资机构追逐的热点。2011—2015 年，中国专业健康管理服务市场规模从 587 亿元增长到 1290 亿元，年均复合增长率为21.7%，预计 2017 年健康管理服务市场规模将突破 2000 亿元。一是国家对医疗体制的改革、鼓励和支持社会资本进入医疗健康行业的政策利好不断。二是消费和健康观念转变。三是前沿技术的不断成熟与应用创新，如智能手环、

智能跑鞋等。四是人体大数据得到越来越多机构的关注，成为健康管理领域的竞争核心。

最后，养老产业将持续火热。一是我国正逐渐步入老龄化社会，老年群体规模不断壮大。二是养老观念改变，老年人消费水平也将有所提高，以GDP增速作为老年人均年消费金额增长率计算，假设未来五年GDP复合增长率为6.5%，那么到2020年，则每位老人每年消费金额约为1.37万元，养老产业市场规模达3.4万亿元。三是利用高新技术去实现养老服务的专业化、远程化和信息化水平，提高老年人的健康水平和生活质量。四是由于养老产业链较长，上下游带动明显，未来围绕养老产业的医疗保健、医疗护理、家政服务、娱乐休闲、日常消费和信息平台等领域市场需求快速增长。

# 第三十章　生物医药

## 第一节　产业规模持续稳定增长，重磅政策年内密集出台

### 一、医药产业规模保持中高速增长，医疗服务领域更具成长性

2016 年，医药产业规模保持中高速增长，预计市场规模 2.96 万亿元，同比增长 10.0%，其中主营收入增速最高的子行业为医疗服务。主要得益于我国医疗需求市场的快速增长，医疗服务成为医疗健康行业营收增速最快的领域；医疗器械、医药商业、制药行业（包括生物制品、中药、化学药）三大细分行业保持相对稳定的增速；医疗信息化（主营）细分行业规模仍然不高。

图 30 - 1　2013—2018 年中国医药产业规模及增速

资料来源：工信部，赛迪顾问整理，2016 年 12 月。

## 二、"健康中国"战略引领产业发展方向，为医药和医疗器械发展保驾护航

2016年10月，《"健康中国2030"规划纲要》发布，成为引领医药产业发展的战略方向。建设"健康中国"是一项系统工程，关涉体育、环保、教育、养老等诸多领域，包含完善医疗卫生服务、加强生态环境保护、人居环境治理、食品安全监管等诸多方面。"健康中国"战略的推进有助于带动生物医药、医疗器械、医疗服务等医药相关领域的持续发展。

2016年11月，《医药工业发展规划指南》发布，有助于指导医药产业加快由大到强的转变。"十二五"时期，医药工业保持高速增长，规模以上医药工业增加值年均增长13.4%，对国民经济的贡献稳步提升。"十三五"时期将成为我国医药工业向中高速发展和向中高端迈进的关键阶段，也是制造强国和"健康中国"战略的起步期，《规划指南》从加大研发投入、提升产业集中度、开展绿色生产和智能制造、推进产品国际化等方面为实现上述战略设置了系统性的目标体系，有助于指导医药工业加快由大到强的转变，对指导产业发展方向提供系统战略性视野。

## 三、仿制药一致性评价意见出台，有助于提升医药产业竞争力

2016年3月，国务院办公厅发布《关于开展仿制药质量和疗效一致性评价的意见》，以规范仿制药上市流程，加强药物管理。仿制药一致性评价要求仿制药需与原研药在药学等效性、生物等效性和治疗等效性等方面达到一致，必须投入大量人力、物力和财力，反复进行等效性实验。新政颁布实施后，一些中小企业很可能会因为通过一致性评价成本较高退出市场，进而出现中小企业关闭或被大企业兼并的局面，加快医药产业整合进程，提升产业整体竞争力。

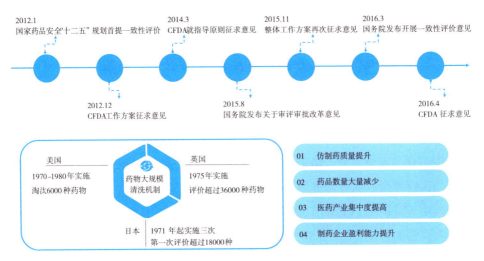

2012.1
国家药品安全"十二五"规划首提一致性评价

2014.3
CFDA就指导原则征求意见

2015.11
整体工作方案再次征求意见

2016.3
国务院发布开展一致性评价意见

2012.12
CFDA工作方案征求意见

2015.8
国务院发布关于审评审批改革意见

2016.4
CFDA征求意见

美国
1970-1980年实施
淘汰6000种药物

药物大规模
清洗机制

英国
1975年实施
评价超过36000种药物

日本　1971年起实施三次
　　　第一次评价超过18000种

01　仿制药质量提升

02　药品数量大量减少

03　医药产业集中度提高

04　制药企业盈利能力提升

**图30－2　仿制药一致性评价对医药产业的影响分析**

资料来源：赛迪顾问，2016年12月。

# 第二节　创新是产业发展永恒动力，
# 转变发展模式迫在眉睫

## 一、癌症仍将是医药研发和临床研究的重中之重，癌症疫苗的研发或将成为新亮点

全球癌症患者仍以惊人的速度不断增长。世界卫生组织预计到2025年，全球每年新增患癌病例将增至1900万，到2030年将增至2200万，到2035年将增至2400万。世卫组织统计全球最多人罹患的3大癌症为肺癌、乳癌、大肠癌，致死率前3名的癌症则是肺癌、肝癌、胃癌。中国国家癌症中心根据统计数据，预测肺癌和胃癌位居全国癌症发病及死亡的前两位（总发病429.16万例，总死亡281.42万例）。

质子重离子放疗将成为未来临床应用最具潜力的方法。传统的手术、化疗、放疗方法中，质子重离子放疗技术因其相比较X射线、γ射线副作用更小，成为未来临床应用的重点领域，预计未来5年，中国大陆地区将至少有

10 家质子重离子质子医疗中心投入运营。

　　患病病例（万人）　　　　　　增长率

**图 30 - 3　全球癌症发病率预测**

资料来源：WHO，赛迪顾问整理，2016 年 12 月。

**表 30 - 1　国内质子重离子治疗中心一览表**

| 序号 | 医院名称 | 供应商 | 运营/建设时间 |
|---|---|---|---|
| 1 | 301 医院河北涿州质子治疗中心 | IBA | 计划 2016 年底 |
| 2 | 上海瑞金医院肿瘤（质子）中心 | 不详 | 计划 2016 年底 |
| 3 | 江苏淮安质子治疗中心 | 不详 | 2016 年开工 |
| 4 | 广州质子治疗中心 | IBA | 预计 2017 年 |
| 5 | 中日友好医院质子医疗中心 | 不详 | 预计 2018 年 |
| 6 | 武汉质子和重离子癌症治疗中心 | 日立 | 预计 2018 年 |
| 7 | 江苏省质子重离子医院 | 不详 | 预计 2018 年 |
| 8 | 福建莆田质子治疗中心 | 不详 | 预计 2018 年 |
| 9 | 浙江宁波康达梅山健康产业园质子重离子医院 | 不详 | 筹建 |
| 10 | 江苏质子重离子医院 | 不详 | 筹建 |

资料来源：赛迪顾问整理，2016 年 12 月。

　　靶向疗法（包括小分子靶向药物和单抗）仍将是癌症治疗最具盈利性的领域。尽管有某种靶向药物只能对特定突变基因型肿瘤产生作用、肿瘤基因突变产生药物耐受性导致靶向药物长期的治疗效果下降等负面影响，预计在未来 5 年，靶向药物将继续占据抗肿瘤药物榜单80%以上的份额。

　　癌症疫苗的研发或将成为市场新亮点。葛兰素史克的"希瑞适"获得国家食药监总局的上市许可，成为国家食药监总局首个批准的预防宫颈癌的HPV 疫苗。目前全世界还有许多针对不同癌症的疫苗正在研制中，HPV 疫苗在中国国内获批上市，有望加大对癌症疫苗的关注和研发投入，进而推动更多新疫苗的问世。

## 二、细胞免疫治疗技术临床应用还需时日，新型治疗技术研发风险加大

细胞免疫治疗技术未来5年仍将处于大规模临床研究阶段。从全球来看，细胞免疫治疗技术虽然取得了一定积极效果，也有个别治愈成功的案例，但仍需大量临床研究以确保安全。CAR - T 和 TCR - T 等新兴细胞治疗技术都具有非常大的应用潜力，但应用于临床治疗还需时日。

个别细胞免疫疗法药物有望打破靶向药物的垄断局面。从中长期来看，细胞免疫疗法药物通过调动机体的免疫系统，增强肿瘤微环境抗肿瘤免疫力，从而控制和杀伤肿瘤细胞，在临床试验中表现良好。采用细胞免疫疗法的黑色素瘤药物 PD1 单抗 Nivolumab、PD1 单抗 MK - 347、CTLA4 单抗 Ipilimumab 有望成为突破口。

## 三、环保压力上升迫使地方政府加大监管力度，倒逼以大宗原料药为主的发展模式加快升级

未来随着国内各地环保压力持续上升，各地政府监管力度预计也将随之升级，进而倒逼国内以大宗原料药为主的医药产业发展模式加快转型升级步伐，围绕仿制药的研发将成为国内医药企业发展的重中之重。

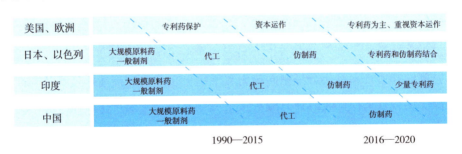

图 30 - 4    中国医药产业发展模式演进趋势

资料来源：赛迪顾问，2016 年 12 月。

# 第三十一章　精准医疗

## 第一节　2016 年中国精准医疗产业步入发展快轨

### 一、产业步入快速发展阶段

2016 年中国精准医疗产业步入发展快轨，产业规模稳步提升。2015 年中国精准医疗产业规模已达 330 亿元，而 2016 年预计可达 400 亿元，并且在未来将保持 20% 以上的年均增长率。从产业结构上来看基因测序作为精准医疗产业基础占据了最大份额，所占比例达 63.7%。而随着技术的不断创新，精准靶向药物的占比也有所提高，达到 35.2%。未来细胞免疫治疗及干细胞治疗的临床应用不断成熟，生物免疫细胞治疗及干细胞治疗的占比将逐步扩大。

图 31 - 1　2013—2016 年中国精准医疗产业规模

资料来源：赛迪顾问，2016 年 12 月。

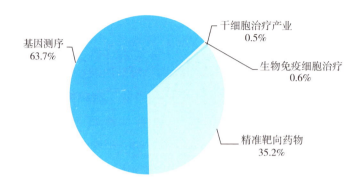

图 31-2　2016 年中国精准医疗产业结构

资料来源：赛迪顾问，2016 年 12 月。

## 二、政策利好推动产业发展

政府高度重视精准医疗产业的发展，2016 年精准医疗迎来了多项政策支持。《"十三五"规划纲要》提出提升精准医疗等战略性新兴产业的支撑作用，而《"十三五"国家科技创新规划》也提出加强精准医疗等技术研发，这些政策为精准医疗产业营造了良好的发展环境。

表 31-1　2016 年中国精准医疗产业相关政策

| 时间 | 政策名称 | 主要内容 |
| --- | --- | --- |
| 2016.3 | 《中华人民共和国国民经济和社会发展第十三个五年规划纲要》 | 支持精准医疗新兴前沿领域创新和产业化，形成一批新增长点 |
| 2016.3 | 《国家重点研发计划精准医学研究等重点专项2016年度项目申报指南》 | 精准医学研究重点专项将以我国常见高发、危害重大的疾病及若干流行率相对较高的罕见病为切入点，建立多层次精准医学知识库体系和生物医学大数据共享平台，形成重大疾病的风险评估、预测预警、早期筛查、分型分类、个体化治疗、疗效和安全性预测及监控等精准防诊治方案和临床决策系统，建设中国人群典型疾病精准医学临床方案的示范、应用和推广体系等 |

| 时间 | 政策名称 | 主要内容 |
|---|---|---|
| 2016.8 | 《"十三五"国家科技创新规划》 | 围绕健康中国建设需求，加强精准医学等技术研发。发展先进高效生物技术，加快推进基因组学新技术、生物大数据、基因编辑技术等生命科学前沿关键技术突破 |
| 2016.8 | 《第二代测序技术检测试剂质量评价通用技术指导原则》 | 主要针对第二代测序（Next Generation Sequencing，NGS）技术检测试剂产品质量提出指导性要求，涉及基本原则、主要原材料、检测流程及性能评价等方面 |
| 2016.9 | 《"精准医学研究"2016年度项目》 | 国家重点研发计划"精准医学研究"重点专项已按规定程序完成第一批共计56个项目的立项通知发放及任务书签署工作 |
| 2016.11 | 《医药工业发展规划指南》 | 精准医疗为新药开发和疾病诊疗提供了全新方向，基于新靶点、新机制和突破性技术的创新药不断出现，肿瘤免疫治疗、细胞治疗等新技术转化步伐加快。支持基因测序、肿瘤免疫治疗、干细胞治疗、药物伴随诊断等新型医学技术发展，完善行业准入政策，加强临床应用管理，促进各项技术适应临床需求，紧跟国际发展步伐 |

资料来源：赛迪顾问整理，2016年12月。

## 三、产业成为投资热点

在政府政策支持以及技术不断取得突破的推动下，精准医疗的产业化程度不断提高，商业应用有望逐步打开，发展空间广阔，成为近年来的投资热点。2016年精准医疗产业投资标的超过35家，领域分布于基因测序、液体活检、靶向药物等众多领域。

表31-2　2016年中国精准医疗投资情况

| 融资方 | 领域 | 金额 | 投资机构 |
|---|---|---|---|
| 鹍远基因 | 基因测序 | 2000万美元 | 礼来亚洲、辰德资本、松禾资本 |
| 吉因加 | 液体活检 | 20000万元 | 松禾资本、火山石投资、华大基因 |
| 全域医疗 | 精准云放疗技术 | 18000万元 | 联基金、正和磁系大天使基金 |
| 至本生物 | 基因测序 | 1000万美元 | 火山石投资、松禾资本、IDG资本 |
| 泛生子 | 分子诊断 | 25000万元 | 约印创投、分享投资、嘉道谷投资 |
| 锐翌生物 | 基因测序 | 4000万元 | 天合永信、贝壳基金、松禾资本 |
| 凯普生物 | 分子诊断 | 3000万元（估） | 磐霖资本 |
| 药明康德 | 基因测序 | 1900万美元 | 大华创投、天地基金、斯道资本 |
| 信达生物制药 | 靶向药物 | 26000万美元 | 高瓴资本、淡马锡、君联资本 |
| 希望组 | 基因测序 | 10000万元 | 清科创投、赛富基金、经纬中国 |

资料来源：赛迪顾问整理，2016年12月。

# 第二节　基因测序引领精准医疗产业发展

## 一、基因测序临床下游应用领域不断拓展

基因测序的下游应用包括用于医院、独立实验室的临床医疗应用，用于高校、研究机构的科研应用以及用于企业的商业应用。随着基因测序技术的不断成熟以及相关法规的不断完善，其下游应用领域将会不断拓展。除了在医疗领域，如在无创产前基因检测等生殖健康领域，肿瘤早期检测等肿瘤检测领域，其在非医疗领域，如环境研究、地质研究、司法鉴定等方面的应用也会越来越广泛。

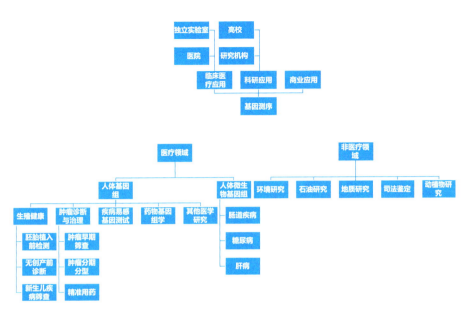

图 31 - 3　基因测序下游应用

资料来源：赛迪顾问整理，2016 年 12 月。

## 二、基因测序第三代技术引领技术发展

基因测序技术至今已经历了三代发展阶段，第一代技术主要基于 Sanger 双脱氧终止法的测序原理，测试准确性高但测序通量低且成本高。第二代技术利用一系列高通量测序技术实现了测序通量的提高和成本的降低，但存在测序读长相对较短，且需引入 PCR 过程，可能引入突变或改变样品中核酸分子的比例关系等问题。而第三代技术是基于单分子测序，具有测序读长较长，测序速度快，无须进行 PCR 扩增，应用领域拓展等众多优势。尽管目前第二代技术应用占比最高，但随着第三代技术测试准确度提升，酶活性等问题的解决，测序设备稳定性、小型化，第三代技术将成为基因测序技术未来的发展趋势，而中国也已出现以瀚海基因为代表的相关企业，着力于推动第三代技术的发展。

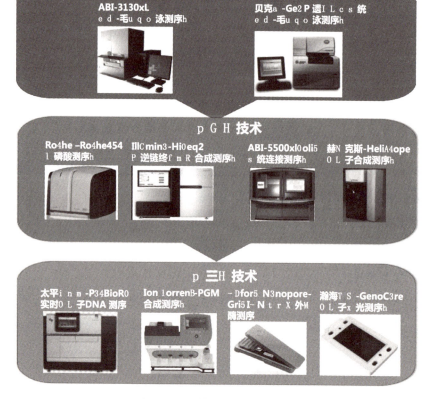

图31-4　基因测序技术发展

资料来源：赛迪顾问整理，2016年12月。

## 三、云平台支撑基因测序产业发展

基因测序高通量测序使单个实验室就能产生TB、PB级的数据量，而生成的海量原始数据需要进行专业分析，才能解读出其中的遗传信息，面临着数据量大、数据处理过程复杂、对计算资源要求高的潜在需求，但许多测序公司或实验室并不具备储存和处理这些大规模数据的服务器设备。而云平台能够为基因测序提供一个通过互联网配置的获取专业计算资源的安全便捷通道，用完即刻释放的高效系统及可弹性扩展、可定制化的存储系统。基因测试企业依托云平台能够在云端实现对检测数据与基因组数据完成数据存储、分析和管理、研究，从而来发现药物靶点以及生物标志物。目前中国已有华大基因、阿里巴巴、英特尔联合推出的精准医疗云平台及药明康德与华为联合推出精准医学云平台明码云，未来还将会有更多的精准医学云平台出现。

## 四、外包需求驱动行业专业化分工

很多医疗机构缺乏购置测序仪器独立开展测序服务的能力，因此将会出现较多的测序服务外包需求，将测试服务外包给第三方独立实验室，具备专业化服务能力的第三方检测平台将会是发展的重点模式。此外，随着高通量测序数据产出量越来越庞大，对分析的精确度要求越来越高，将数据分析外包给专业化的生物信息学公司将成为未来的发展趋势，而这也驱使行业朝向专业化分工方向发展。

## 五、细胞免疫治疗是企业布局重点

细胞免疫治疗，特别是 CAR－T 及 TCR－T 技术是近几年肿瘤治疗上的最有效的新技术，受到了广泛的关注。中国细胞免疫治疗还处于发展的初级阶段，企业纷纷积极布局，将其作为未来发展的重点。

表 31－3　企业布局细胞免疫治疗情况

| 企业名称 | 布局内容 |
|---|---|
| 安科生物 | 通过参股博生吉公司 20% 股权，正式步入细胞治疗领域，目前已在安徽开展细胞治疗临床试验，并取得一定成效。同时公司与博生吉合作出资成立博生吉安科公司，将细胞治疗产业化正式提上日程 |
| 佐力药业 | 佐力创新医疗投资 8910 万元增资科济生物，科济生物依托上海肿瘤研究所，专注 CAR－T 研发 |
| 香雪制药 | 与解放军第 458 医院于 2014 年 3 月签订了《第 458 医院与香雪制药联合建立特异性 T 细胞治疗新技术临床研究中心技术合作项目协议书》，在 458 医院建立特异性过继免疫细胞治疗联合临床研究中心。分两个阶段开展临床研究，第一阶段是通过精准抗原筛选递呈改良的 DC 联合 CIK 新技术的研究。第二阶段是 TCRT 的研究 |
| 恒瑞医药 | 与日本 Oncolys BioPharma 公司达成协议，有偿获得 Oncolys 研发的溶瘤腺病毒产品 Telo-melysinTM（OBP－301）在中国大陆、香港和澳门特别行政区的开发、生产及商业化的独家许可权。与美国得州大学 MD 安德森癌症研究中心在癌症免疫治疗和精准医疗领域达成一项为期 3 年的合作协议 |

资料来源：赛迪顾问整理，2016 年 12 月。

# 第三十二章 新材料

## 第一节 我国新材料产业正逐步实现由资源密集型向技术密集型方式转变

### 一、我国新材料产业规模逐渐扩大

2016 年，我国新材料产业壮大发展，产业规模逐步扩大。2012 年底我国新材料产业生产总值为 10100 亿元，到 2015 年底，我国新材料产业生产总值达到 2 万亿元，根据新材料产业 2016 年 1—11 月发展情况，赛迪顾问预测 2016 年新材料产业整体规模预计达到 2.6 万亿元。

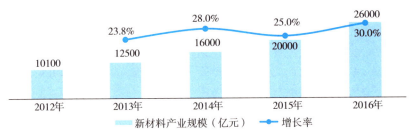

图 32－1　2012—2016 年中国新材料产业规模及增速

资料来源：赛迪顾问，2016 年 12 月。

从产业投资来看，由于先进制造材料产业细分行业涉及材料种类及应用领域较多，相关企业发展较为成熟，因此先进制造材料产业占比最高，为 30%；其次是新能源材料，由于 2016 年是新能源、新能源汽车产业发展的黄金阶段，相应的动力电池材料等投资案例较多，其占比达 19%。

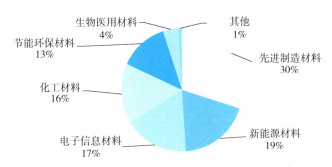

**图 32－2　2016 中国新材料产业细分领域投资分布**

资料来源：赛迪顾问，2016 年 12 月。

## 二、我国新材料产业已形成产业集群发展模式

目前，新材料产业是我国各级地方政府重点发展的主导产业之一。我国的新材料产业已形成集群式的发展模式，基本形成了以环渤海、长三角、珠三角为重点，东北、中西部特色突出的产业集群分布，各区域材料产业的发展和空间分布都各有优势、各具特点。

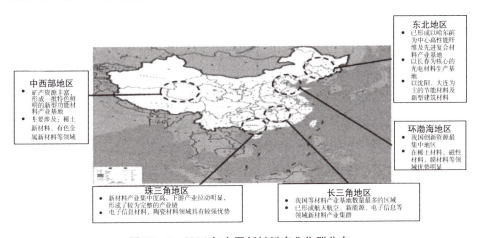

**图 32－3　2016 年中国新材料产业集群分布**

资料来源：赛迪顾问整理，2016 年 12 月。

## 第二节　我国新材料产业将向跨学科融合、结构功能一体化、制备和应用绿色化发展

### 一、下游刚性需求将拉动产业爆发式增长

2017 年，我国经济增长方式会发生变化，内需对经济增长的带动作用加强，来自于技术创新和基础建设的投资会增加，保障性安居工程、水利、铁路、机场等重大工程建设会增加对新材料产品的需求，新型城镇化、农业现代化建设以及信息基础设施建设都将增加新材料产品的市场需求。此外，《中国制造 2025》的公布，不仅对新材料产业提出了更高的要求，而且加快了传统产业转型升级步伐，新材料的支撑和保障作用更加明显。预计 2017 年开始，我国新材料产业将保持大幅增长。

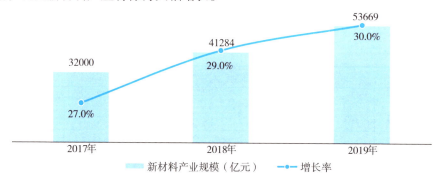

**图 32 - 4　2017—2019 年中国新材料产业发展规模预测**

资料来源：赛迪顾问，2016 年 12 月。

### 二、新材料将与其他产业深度耦合发展

在应用领域方面，新材料产业将于与其他高科技产业之间交叉融合发展，跨产业的融合趋势增强。如材料技术与生物、纳米等技术的逐渐融合，将催生更多高性能的复合材料，丰富材料品种，优化材料性能。

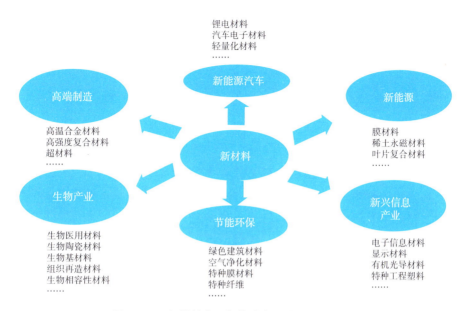

**图 32 - 5　新材料产业与战略新兴产业融合发展**

资料来源：赛迪顾问，2016 年 12 月。

## 三、新材料产业将更加注重可持续发展

新材料产业可持续发展是满足经济社会可持续发展的必然选择。面对资源、生态环境及人口的巨大压力，生态环境材料及其绿色生产技术的发展日益受到关注。未来，在制备技术方面，新材料产业将更加注重发展短流程、低污染、低能耗、可回收、绿色化、数值化等生产制造技术。

# 后 记

《2016—2017 年中国新兴产业投资蓝皮书》由赛迪顾问股份有限公司编撰完成，力求为中央及各级地方政府、相关企业、投资机构及研究人员把握产业发展脉络、了解产业前沿趋势提供参考。

参加本课题研究、数据调研及文稿撰写的人员有：赛迪顾问的孙会峰、侯云仙、向阳、张梓钧、郑昊、王云侯、刘娟、韩晓敏、李龙、刘堃、徐元、徐小海、韩允、赵翼、陈东坡、杨君、陈卫星、张凌燕、李子坤、张爽、樊凯、顾文彬、黄锐、门长晖、刘若飞、吕婵、宁玉强、赵鹤、陈德强、简良、马睿文、王黎阳等。在研究和编写过程中，我们得到了中国 VR 产业联盟、中国大数据产业生态联盟、中国工业软件产业发展联盟等行业组织专家，以及各新兴领域龙头及创新型企业的高管的大力支持。本书的顺利出版还得到了中国电子信息产业发展研究院软科学处的大力支持，在此一并感谢。

本书虽经过研究人员和专家的严谨思考和不懈努力，但由于能力和水平有限，难免存在不足之处，诚请广大专家和读者朋友批评指正。同时，希望本书的出版能为读者了解新兴产业演进趋势、把握投资机遇提供有益参考。

思想，还是思想
才使我们与众不同

《赛迪专报》　　　《两化融合研究》　　　《财经研究》
《赛迪译丛》　　　《互联网研究》　　　《装备工业研究》
《赛迪智库·软科学》　《网络空间研究》　　　《消费品工业研究》
《赛迪智库·国际观察》　《电子信息产业研究》　　《工业节能与环保研究》
《赛迪智库·前瞻》　《软件与信息服务研究》　《安全产业研究》
《赛迪智库·视点》　《工业和信息化研究》　　《产业政策研究》
《赛迪智库·动向》　《工业经济研究》　　《中小企业研究》
《赛迪智库·案例》　《工业科技研究》　　《无线电管理研究》
《赛迪智库·数据》　《世界工业研究》　　《集成电路研究》
《智说新论》　　　《原材料工业研究》　《政策法规研究》
《书说新语》　　　　　　　　　　　《军民结合研究》

编 辑 部：赛迪工业和信息化研究院
通讯地址：北京市海淀区万寿路27号院8号楼12层
邮政编码：100846
联 系 人：刘颖　董凯
联系电话：010-68200552 13701304215
　　　　　010-68207922 18701325686
传　　真：0086-10-68209616
网　　址：www.ccidwise.com
电子邮件：liuying@ccidthinktank.com

# 研究，还是研究
## 才使我们见微知著

| | | |
|---|---|---|
| 信息化研究中心 | 工业化研究中心 | 规划研究所 |
| 电子信息产业研究所 | 工业经济研究所 | 产业政策研究所 |
| 软件产业研究所 | 工业科技研究所 | 军民结合研究所 |
| 网络空间研究所 | 装备工业研究所 | 中小企业研究所 |
| 无线电管理研究所 | 消费品工业研究所 | 政策法规研究所 |
| 互联网研究所 | 原材料工业研究所 | 世界工业研究所 |
| 集成电路研究所 | 工业节能与环保研究所 | 安全产业研究所 |

编 辑 部：赛迪工业和信息化研究院
通讯地址：北京市海淀区万寿路27号院8号楼12层
邮政编码：100846
联 系 人：刘颖 董凯
联系电话：010-68200552 13701304215
　　　　　010-68207922 18701325686
传　　真：0086-10-68209616
网　　址：www.ccidwise.com
电子邮件：liuying@ccidthinktank.com